JN335619

卓球王　勝者のメンタリティー

負ける人は無駄な練習をする

全日本8回優勝／世界選手権メダリスト
水谷隼

卓球王国

日本の指導者は、
「人間力が重要」という言葉を使う。
「人間力を鍛えろ」と選手によく言う。
しかし、私は全く理解できない

BUTTERFLY
ADVISORY STAFF
フリーデン
Wiz Co.,Ltd

これ以上は自分はやれませんというところまで、
もがき苦しみながら答えを見つけようとする、
そのプロセスが重要なのだと思う

人間は追い詰められた時にこそ本性が出る。
追い詰められて、そこから何とかしようとした時に
人間は進化し、改善されると思う

ANA
WASURENAI 3.11
2014 WORLD TOUR GRA

水谷隼としての異常性の発露。
勝つ人の個性というのは他とは違う。勝つための個性――
異常性を持っているからこそチャンピオンになれるのだ

双魚
DOUBLE FISH
双鱼

「勝つためには手段を選ばない」と
思える人が勝てる。
それが勝てる人のメンタリティーだ

無駄な練習をやることは
無駄な時間を過ごしていることなのだ。
ラケットを長い時間握っていれば
強くなるものではない

ANA
WASURENAI 3.11

Mizuno
ANA
WASURENAI 3.11

自分を脅かすやつが
出てきてくれたほうがうれしい。
こいつに勝ちたいという
新たなモチベーションになるから

目次

第1章 「試合で生きる練習」と「無駄な練習」

第2章 勝者になるためのメンタル

第3章 チャンピオンの異常性

第4章 勝つためにコーチに求めるもの

第7章 用具に妥協なし

第8章 負ける人は負けるパターンを持っている

第9章
追い込まれた時の戦い方

最終章
恐怖感との戦い

装丁デザイン　永丘邦弘
カバー写真　江藤義典

まえがき

1年前に『卓球王 水谷隼の勝利の法則～試合で勝つための99の約束事』を上梓《じょうし》した。それはいわゆる卓球の試合で勝つための「ノウハウ」を詰め込んだものだった。本書『負ける人は無駄な練習をする』はノウハウ本ではない。チャンピオンの思考法と試合で勝てない人の思考法の比較であったり、卓球の練習の考え方を紹介したものだ。

この本の副題は「勝者のメンタリティー」だが、これは「異常性」という言葉に置き換えることができる。本書は卓球選手だけでなく、他の競技の人にも読んでほしいと思っている。

また、今の自分がプレーする時に感じる「気」とか「運」というものにも触れている。これらは抽象的で表現するのは難しい言葉だが、それは自分が育ってきた過程で身につけた能力だ。

トップ選手はそういう見えない力をコントロールできると思う。私以外でも、選手としてものすごい才能を持っている選手はいるのだが、世界のトップクラスに行けない、全日本チャンピオンにはなれない。なぜチャンピオンになれる人とチャンピオンになれない人に分かれるのか。それは大きな流れに呑《の》み込まれるのか、それとも自分の道を進んでいけるのかで分かれるのだと思う。

私は、自分の可能性が最大限発揮できる世界、そこに足を踏み入れたら無限の可能性を感じることのできる領域に行きたいと思っている。普通の人は安定した暮らしを求めるものだ。親や家族もそこで安心するだろう。けれども私は他の人と違う道を行く。流れに逆らって進んでいくのは実はすごく不安だけれど、今の自分はその逆流の中を進んでいる。

ビジネスの世界でも、他の会社と同じようなことをして成功する会社などないだろう。誰もやらないビジネスを展開したり、幾度となく失敗しても挑戦し続けて、成功を収めているのではないだろうか。

スポーツの世界でも同じだと思う。天才と言われる人でも、努力をしなかったら「ただの人」で終わる。努力をしないために、ジュニアまでは天才でもその後は平凡な選手で終わる例は数多《あまた》ある。流れに逆らい、正しいと思う方向に突き進む異常性を持った選手だけがチャンピオンになるのではないか。

全日本選手権というビッグゲームでもチャンピオン以外はみんな負ける。自分自身、国際大会に行ってワールドツアーで優勝できるのは年に1、2大会くらいだ。私自身も負けている。

私が日本の中で勝ち続けていく理由は、本書を読んでいただければ、その一端を理解してもらうことができるだろう。一方、試合で勝てない人が私の発する言葉がヒントになって、勝てるようになるかもしれない。今回、卓球の打ち方ではなく、意識の部分を説明しようと努めた。その意識や考え方が読者である選手や指導者、あるいは他の競技の方たちのヒントになればうれしい。

本書の内容は、ある意味、一般の指導者にとって不愉快な部分もあるかもしれない。きれいな言葉を並べて耳当たりの良いセンテンスを作るつもりはなかった。本音《ほんね》の部分で卓球を語りたかった。

1年前の「水谷隼」と現在の「水谷隼」は違う。本書は「今の自分」そのものだ。全日本選手権で8度目の優勝を達成し、リオ五輪に向かう前の水谷隼だ。

他の人と自分自身が違うことに悩んでいる選手がいないだろうか。指導者とどうもうまくかみ合わない選手はいないだろうか。どうも他の人と卓球に対する興味が違うと思う選手はいないだろうか。違うことは良いことだ。それが個性だ。個性があるから、異常性があるから、「今の水谷隼」がいる。

本書で「今の水谷隼」を書き記す。それは普通でない選手だ。孤独で寂しい選手かもしれない。でもそれがチャンピオンという十字架を背負いながらラケットを握る、生身《なまみ》の水谷隼なのだ。

水谷　隼（2016年2月）

第1章

「試合で生きる練習」と「無駄な練習」

ただ疲れるだけの練習は意味がない。
無駄な練習ならやらないほうが良い。

MIZUNO
ANA

ただこなすだけの練習は「無駄な練習」であり、
練習効果を上げるためにも休養は必要なのだ

練習中に「すみません」と言うのはやめよう。コートに入れるだけの「死んだボール」は打つな

日本の卓球界では、練習をしている中でミスをすると相手に「すみません」と謝《あやま》る習慣がある。これは良くない。

自分もだんだんと年齢を重ね、実力的にも格上の立場になっている。そうして日本で練習していると「すみません」と練習中に言われることが非常に多い。言われるたびにイライラする。高校や大学ではミスしたボールを拾いに行こうとする選手もいる。

ヨーロッパや中国ではミスしても謝ることはない。その代わり、ミスが多いと「おまえミスばかりしてんじゃないよ」と言われる。ヨーロッパや中国では練習者同士は基本的に同等なのだ。上下関係もない代わりに、強い選手は強い相手と練習しようとする。それでも実力に差があったとしても、弱い選手が謝る場面はない。

強いボールを打つことに集中してほしいのに、ミスが多くて「すみません」と言ってるような選手は、次にミスしないことにばかり集中するようになる。ところがミスしないでただコートに入れるだ

ナショナルチームの公開練習での筆者

けのボールはたいしたボールではないので、練習しても意味がない。

入れるだけの「死んだボール」を打っても良い練習にはならない。「すみません」と謝るくらいなら、たとえミスしたとしても「生きたボール」を打つことに集中すべきだ。「すみません」という言葉が飛び交うようなネガティブな練習場では練習をしたくないし、練習効果も期待できない。

予測と反応を鍛える練習の必要性。型にはめる練習は実戦で生きない

実戦で生きるフットワークはどうやったら磨《みが》けるのだろうか。決まったコースでは速く動けても、試合のようなランダム（不規則）な状態で速く動けるとは限らない。

打つコースや返球のコースが決まっている場合は、ブロックも良いボールが返ってくる。しかし試合では打球コースがわからない分、相手のブロックはあまくなるから、試合の時のほうが攻撃がしやすくなるものだ。

私のフットワーク練習に他の選手と違うところがあるとしたら、練習の時からボールがどこに返されても対応できる姿勢でいることだ。だから試合の時でも身体《からだ》は反応できる。

たとえば、フットワーク練習でフォア、ミドル、バックに動くとして、フォアに1本、2本、もしくは3本を送ってもらい、次にミドルへ送ってもらい、そこで1本、2本もしくは3本、次にバックで……というように、ほとんど規則性のない状態で練習することのほうが多い。

これは難易度《なんいど》が高い練習だけど、やっていけば慣れていく。強い選手だからできる練習ではなく、やろうと思えば中学生でも高校生でもできる練習だ。その人のレベルに合ったボールで打球し、動くことが重要で、不規則的な練習を取り入れることによって、予測と反応を鍛《きた》えていく練習になる。

日本の卓球では型にはめる見方《みかた》や、型にはめる教え方がある。自分も振り返ってみれば小さい頃に、フォアハンドはこう振るべきだ、バックハンドはこう振るべきだ、というように教えられていた。日本のそういう教え方は良い面もあるが、実際には実戦に合わなかったり、「これはちょっと違うな」という部分が多い。

「この技術はこう打たなければいけない」という決まりごとが日本には多いように感じる。指導者はそういう情報を雑誌、書籍、今ならインターネットから得ることができて、そういうメディアを通して日本の指導者たちは「卓球の技術や練習はこうあるべきだ」と思い込んでいる節《ふし》がある。特に、トップ選手の考えや理論が掲載されないために、間違った情報とか、時代遅れの情報が流れる可能性が高いのではないか。

もちろん技術論、戦術論というのは、その選手や指導者で違うものだし、さまざまな方法がある。一方、世界の卓球は毎年のように変化、進化していく。

指導者の方は柔軟性のある考え方で子どもたちに技術を教え、最新の練習を提示してもらいたい。型にはめすぎない練習方法を考えてほしいと思う。

＊フォア＝利き手側／バック＝利き手と反対側／ミドル＝台の真ん中付近、もしくは選手の身体周りを指す

練習時間の絶対量と卓球の強さは必ずしも比例しない。卓球は用具の適性も勝負に関係してくる

卓球は対人競技であり、知的な部分を要求され、相手との相性も関係してくるスポーツだ。練習をたくさんしたほうが必ず勝つというスポーツではない。また練習時間の絶対量と卓球の強さは必ずしも比例しない。また用具の適性も勝負に関係してくる競技である。

昔ながらの日本の考え方として、「練習で限界に挑戦し、追い込んだ練習をすることが重要だ、疲れてからが本当の練習だ」と言う人がいる。「練習量至上主義」と言うべき、この考え方に私は賛成できない。

休養するということはどんな選手でも必要なことだ。中国選手でも休養はしっかり取っているし、選手はロボットではなく人間なのだから、緊張を強《し》いたり、身体に負荷を与えたり、疲労を感じたら休養することが必要だ。

一人ひとり体力や回復力も違うし、リラックスの仕方も違う。同様に選手自身の体力の限界も違うのだから、一律に同じような練習量やトレーニングを課すのは無理がある。

2015年世界選手権蘇州大会の会場で練習する筆者

ただ量をこなすだけの練習は「無駄な練習」であり、練習効果を上げるためにも休養は必要なのだ。

また、練習をやればやるほど強くなるとは限らないように、用具でも自分がやりやすくなったから試合で勝てるかというとそうではない。自分もやりやすくなって、相手もやりやすくなったら差し引きゼロだ。自分がやりにくくなったとしても相手もやりにくくなったり、自分がやりにくくてもボールに威力がついて試合で勝てるようになるケースもある。

「やりにくい、コントロールが難しい」というマイナスを上回るほどの、「ボールの威力が出る、試合で勝てる」用具ならば、それを選ぶべきだと思う。それが対人競技であり、様々な用具を使う卓球の特徴でもある。

「予測の練習」と「反応の練習」。「予測できない練習」が、「予測を高める練習」になる

私が競《せ》った時に強いと言われるのは、読み合いの強さがあるからだと思う。読み合いさえ間違わなければ、格上の選手にも勝てる。負ける時と言うのは、その読み合いでの負けであり、自分の読みのさらに先を読まれている時なのだ。

時に心理戦になる卓球というスポーツにおいて、「読む」ことは重要だ。ならばその「読み」はどうやって鍛えられるのだろう。これは卓球だけではなく、相手の立場に立って考え、行動することによって鍛えられる。自分がやられて嫌《いや》なことは相手も嫌なはずだ。「ああ、これは嫌だな」と思ったサービスは、自分も出してみればよい。

また、相手のコースや球種、回転量を読む時は、相手が打球する瞬間のラケットの向き、身体の向きで判断できる。そして、その前段階で自分がどういうボールを打つのかが重要であり、自分の打ったボールによって、相手はこう打ってくるだろうという予測を立てる。

生まれ持った素質だけではなく、練習によって「予測」は磨かれていく。たとえば多球練習は「予測

の練習」ではなく、「反応の練習」だ。多球練習ではボールを送ってくる相手はいろいろなボールを出してくる。自分が打ったボールに対して返球されるわけではなく、送球者がポンポンと出してくるのだからこちらの予測は全く働かないし、予測をしても意味はない。この練習では、技術の正確性と練習者の反応が鍛えられているのだ。

しかし、ボールを一球にして打ち合う練習というのは、「予測の練習」になる。このコースに打った時には相手はここに返してくる、この回転のボールを相手のここに打ったら相手はブロックしかできない、というように、自分の打ったボールに対して相手がどういう返球をしてくるのかを次々に記憶していく。

その記憶の蓄積《ちくせき》が試合での「予測」になるのだ。つまり練習では、「反応を鍛える練習」と「予測を鍛える練習」をバランスよく行うことが大切だ。

特に台を挟《はさ》んで一球練習をする時には、相手が自分のボールに対してどういう返球をしてきたのかを注意深く観察する習慣をつけることが肝要《かんよう》だ。相手が得点したのか、ミスしたのかを気にするのではなく、相手が自分のボールにどう反応したのかを記憶する。

実際の試合でもレベルが上がれば、自分の予測と違う返球をしてくるから、それを頭の中にインプットしていく。そのデータを蓄積することで自分の予測能力は高まっていく。

ところが、一球練習を行っても予測が鍛えられない練習がある。それはコースをあらかじめ決めている練習だ。初・中級者の段階なら動きの正確性や技術の連係動作を覚えるのに、コースを決めた練習は役に立つだろう。しかし、中級者から上級者の段階ならば、コースを決めた練習では「予測は鍛えられない」。コースを決めた練習ばかりやっていると、選手は予測能力を使わなくなるという弊害《へいがい》が生まれてくる。

「予測を鍛える練習」とは、「自分が予測できない状況を練習で作る」ことだ。どのコースに打たれるかわからない状況を早めに作り、それに対してとっさに反応する練習を繰り返していけば、知らないうちに予測能力も高まる。

＊多球練習＝1回の練習で数十個のボールを連続的に送球者に出してもらい、それを打ち返す練習。中国などがよく行う練習で、短時間でたくさんのボールを打つために技術の習得においては練習効率が高い練習

＊一球練習＝多球練習とは反対に一球のボールでフットワークやラリー練習、システム練習などを行う練習

「予測を鍛える練習」とは、「自分が予測できない状況を練習で作る」ことだ

高い要求の実戦に近い練習をすることで試合で無意識に反応できるようにする

最近、私が練習を行う時は相手に高い要求をする。

たとえば、「3点フットワーク」という練習をする。これはフォア→ミドル→バック→フォア→ミドル→バックに送ってもらい、7本目をフォアに大きく飛びついて返球する練習だ。この練習でフォアに回してもらう時には「取れないくらいに厳しく送ってくれ」と要求する。そして8本目は取れないくらいに厳しくバックを突いてもらい、そこからフリーになる。

また別の練習では、私がサービスを出して全面にストップしてもらう。それを全部相手のバックにフリックするから、「その4球目をこちらの全面に取れないくらい強く打ってくれ」と要求する。カウンターできる時はするけれど、できない時にはブロックをする。その後、相手のバック半面対自分のバック半面のラリーにする。「その時にボールを伸ばしたり、ナックルを入れたり緩急《かんきゅう》をつけてくれ」と要求する。「そこからはフリーにして、自分のフォアへ取れないくらいに強く打ってくれ」と相手に要求する練習も行う。

3つ目に紹介する練習は、右利きのバックへチキータでレシーブする。それを「全面に強く打ってくれ」と要求する。その打たれたボールを相手のバックへカウンターか、もしくはブロックをする。

そこから緩急をつけてもらいながら、フォアに1本か2本、バックへ1本か2本とブロックをしてもらい、ミドルへ送ってもらったらそこから全面フリーになる。

これらの高い要求の実戦に近い練習は、相手が退屈しない練習であり、自分の試合を想定した練習である。相手はただ普通にブロックしてくることはなく、常にブロックを小さく止めたり、伸ばしたり、曲げてくる。相手に変化をつけて返球してもらうことを求めて、それに反射的に対応できる身体を作らなくてはいけない。

相手ボールは0.2～0.5秒ほどで自分のコートに来るわけだから、頭で考えていたら卓球ではもう間に合わない。練習によって、無意識に反応できる身体を作らなくては試合で勝てない。

＊ストップ＝相手の台の上に小さく止める技術
＊フリック＝台上のボールを回転をかけながらも弾くように打球する技術
＊チキータ＝台上のボールに対して、上回転や横回転を入れながら打ち返すバックハンドの攻撃技術。近年、若い選手を中心に流行している技術。バナナのように曲がりながら飛んでいくために「チキータ」（バナナ）と命名された。レシーブなどでよく用いる
＊ブロック＝相手のドライブやスマッシュを止める守備技術
＊ナックル＝無回転ボール

「気持ちの良い練習」イコール「強くなる練習」ではない。練習では忍耐力を求めるのではなく、「練習効果」を求めるべきだ

私は2016年2月現在、世界ランキング7位であり、国内では全日本チャンピオンなので、練習をする相手というのは国内であっても海外であっても、ほとんどが自分より格下の選手になる。その時に注意することは、相手に高い要求をすること。自分の苦手《にがて》な部分を攻めてもらったり、自分ができないような練習を課すことが重要になる。

日本の練習というのは、ミスを恐れる練習が多く、日本選手は相手にかなり気を遣《つか》いながら練習しているケースが多い。それはイコール、「気持ちの良い練習」になってしまう。卓球では「気持ちの良い練習」イコール「強くなる練習」ではない。

日本の練習では忍耐力を求めることが多いために自己満足の練習に陥《おちい》っていないだろうか。「頑張ってる感」を指導者は求め、選手はそれに応《こた》えようとしていないだろうか。ミスのないラリーが続く練習であったり、コースをあらかじめ決めてよく動く練習をすることで、指導者も選手も自己満足に陥っていく。自己満足のための練習は、100時間やったとしても意味のない「無駄な練習」なのだ。

青森山田高にいた時よりも、今の自分の練習量は3分の1くらいに減っている。ただ当時と現在で決定的に違うのは「意識」と「予測」だ。ある時期は練習量を多くすることは必要なことだと思うが、量がすべてではない。高い目的意識と、予測する状況を作る練習であれば、時間は短くても非常に効果的な練習ができる。

日本男子のトップ選手はこの4、5年で練習のやり方がだいぶ変わった。私が変えたという自負《じふ》もある。私が練習をしていると、他の選手も良い意味で私と同じ練習を試そうとするし、ナショナルチームでも同じ意識で、高い要求を相手に求めて練習することが当たり前になっている。

以前は、ナショナルチームでも全体で同じ練習をして、一緒に同じ練習時間をこなし、みんなで一緒に終わるというやり方が多かった。私もまだ20歳を過ぎた頃は、そういう全体主義的な練習の中で一緒にやっていた。

ところが、ここ数年間でまず私自身が、ナショナルチームのトップとして監督と相談しながら率先していろいろと決めていく。外から見たら、それは「わがまま」に映るかもしれないが、自分で決めていく。規定の練習時間の中でも自分で練習メニューを考えたり、規定練習が終わったら、自分の体調を考え、自分で管理しながら休養を取ったり、個別メニューで練習を続けたり、多球練習などを行う。

時にはナショナルチームの若い選手を練習相手につけてもらう。下の選手は練習相手をするだけで強くなるが、トップ選手が強くならないとチームは強くならない。トップに立つ人は、ある意味「自分だけの練習」をすればよい。トップが強くなることがチームが強くなることにつながるからだ。

私自身は、追い込む時期と調整する時期というメリハリをあまりつけていない。なぜなら追い込むとその反動が来てしまうからだ。追い込んだら追い込んだ分、休養を取らないと身体がもたないので、練習は少し物足りないくらいでやめておくのが自分のベストの状態だと感じている。

合宿などでも練習と体力トレーニングのやりすぎで、結局次の日の練習で身体が動かないというのはマイナスだと思う。練習は最高の状態でやりたい。疲れた状態で練習をやると故障も起きやすいし、集中力がなくなり、「練習のための練習」になってしまう。

こなすだけの練習は時間の無駄であり、練習効率が悪い練習はやるべきではない。追い込みすぎたり、過度のトレーニングをやってしまい、疲れた状態で満足な練習ができない、もしくは休むことになる。それが2日間、3日間続いたら、結局何もやっていない状態に戻ってしまう。

日本の指導者や選手は、たくさん練習をしたり、疲れた練習をやったことに満足する傾向がある。しかし、それは強くなるための練習なのだろうか。まず考えるべきは、練習効果なのだ。集中力のある練習は効果が高いわけで、その練習効果のある状態をいかに作るかに注意を払ってほしい。

＊世界ランキング＝国際卓球連盟がワールドツアーや大陸、世界イベントの成績をもとに毎月発表するランキング
＊青森山田＝中学・高校・大学などを擁する青森山田学園。水谷をはじめ、現在のほとんどの日本代表選手がこの学校の出身。インターハイでは長く日本の頂点に座し、一般種目でも数多くの強豪選手を輩出した

デュッセルドルフで練習する筆者

攻撃の練習と守りの練習、フォアとバックの練習。試合で勝つためにはバランスの良い練習が必要だ

フォアで動く練習というのは、「頑張った感」や「練習をやった感」があるのだが、その自己満足は、試合では役に立たないことが多い。

卓球に限らず、どのスポーツでも100％攻撃だけでゲームが終わるという競技はないはずだ。攻撃と守備がある競技で、お互いの力が拮抗《きっこう》していたら、攻撃と守備は半々になるものだ。それが現実なので、試合で勝とうと思ったら、攻撃だけでなく、守備を強化しなければいけない。卓球やテニスであればフォアハンドだけでなく、バックハンドもしっかり強化する、というようにバランス良く練習していくことが重要になる。

加えて、守っている局面から攻め返す。守りながらも攻撃チャンスをうかがう。そういう練習を多く行う必要がある。私自身、もともとバックハンドが苦手だったから、「それならもっとフォアハンドで得点できるように強化しよう」と考えていたのだが、それは結果として逆効果だった。特に卓球のように速いラリーの競技であれば、すべてをフォアハンドというのは不可能だ。バランス良くプレー

を組み立てることが重要だ。

バックハンドがフォアハンドと同じくらいに力があるのであれば、無理にフォアで回る必要はない。フォアで回るということは、その分フォアサイドにオープニング（空き）を作るリスクをはらんでいるし、回り込む時にわずかな時間であっても遅れて打つことになり、相手に時間的な余裕を与えることにつながる。

日本代表を独占していた青森山田の練習にしても、極端に言えばフォア100、バック0くらいのフォアハンドに偏《かたよ》った練習だった。今思えば、現代卓球に適合していない練習だった。

ただし、最終的にはラリーを決めるのはフォアハンドであり、ここ1本という時に勝負をかけるのもフォアハンドであることは間違いない。それは世界のトップ選手にすべて共通している。バックハンドは癖球《くせだま》が出るメリットはあるけれども、ボールの威力はフォアハンドのほうがあるからだ。

ただ、そこにいくまでにバランスの良い両ハンドで相手を崩していく必要があるし、特に速いラリーの中でのバックハンドは重要な技術だ。いくら強いフォアハンドを持っていても、バックハンドが弱点になると自分の武器であるフォアハンドを生かすことができない。

プレースタイルを設計することは、現実の卓球を分析し、バランスを考えつつ試合で勝てるスタイルを作ることだ。

「頑張った感」を作る日本の練習は、「練習のための練習」。それは無駄な時間であり、やっても伸びない

日本は技術を覚える時に反復練習を行う。特にフットワークの反復練習が多い。ヨーロッパでは、台上技術やレシーブでは反復練習を行うが、フットワークの反復練習は多くない。なぜ日本はそういう練習が多いのかと言えば、選手も指導者も「頑張っている感」を求めているからだろう。汗をかいて「練習をした」という感覚を求めている。

私自身もそうだった。小学生や中学生の時にはそれが正しいと思っていた。必死にコーチに言われることをやっていた。しっかり考えてやれるようになったのは高校生になってからである。

ただ、同じ練習をしていても、ただ頑張っている練習と、「なぜ今のボールはミスしたんだろう」「今のボールのとらえ方は良かった」と一本一本考えながら行う練習は、その効果は全く違ったものになってくる。

普通の選手というのは、「ただ頑張るだけの練習」をする。でも強くなる選手というのは「一本一本考えながらやる練習」をする。同じ練習時間でも効果は全く違うものになる。

ナショナルチームの公開練習での筆者（奥）

私は練習であらかじめコースを決めていたとしても、急に違うコースに来たボールでも対応できるようにしている。相手に「途中で自由にコースを変えてくれ」と要求すれば、難易度は一気に上がる。すべての練習でそういう意識を持てば練習の質は変わってくる。

試合でコースが決まっている状況はなく、ボールはどこに来るかわからない。コースを決める練習が多ければ、それは「練習のための練習」になってしまう。そういう「練習のための練習」は時間の無駄であり、たくさんやっても選手は少ししか伸びない。

プレッシャーのある練習をすると実際の試合では緊張せずに楽にプレーできる

経験上、実際の試合を思い浮かべながら考えれば、練習内容はいくらでも良くなる。一方で、「どういう練習が自分に必要なのか」という意識もなく、自分自身のモチベーションもなく、強制的に押しつけられた練習は無駄な練習だと思う。

逆に、練習内容は自分の意に沿ったものではないけれども、「これをやれば強くなるんだ」と一生懸命やった練習というのは無駄ではなかった。後々生きてくる練習だと思う。青森山田にいた時も、練習はきつくて、嫌だと思っていたけれど、やれば強くなるだろうという気持ちで一生懸命やった練習は今でも生きている。

ところが、どんなに良い練習内容であっても、「一生懸命やろう、強くなろう」という意識がなければ身につかず、それは無駄な練習になってしまう。

最近の若い選手を見ていると楽しく卓球をやっているのだが、あまえている部分がある。ジュニアまでは厳しい環境で練習をしたほうが良い。その時期にただ楽しいだけの練習をしていたら強くはならない。

たとえば、私が青森山田にいた時、良い面と悪い面の両方があるけれど、練習では試合と同じような緊張感があった。練習でそういう恐怖心や緊張感があるから試合のほうが楽に感じることもあった。もし普段が楽しくやるだけの練習だったら、試合で緊張した時にミスが出てしまっただろう。

私自身が怒られることはなかったけれど、いつも練習場のセンターコートでやらされて吉田安夫先生（当時の監督）に見られているという恐怖心があった。かつ、自分の力を先生に見せつけてやろうという反発心もあった。

そういう状態で練習していると、本番の試合のほうが楽に思えてしまう。言葉では「練習を試合と思え、試合を練習と思え」と言われるけれども、絶対にそうならない。ところが、青森山田では練習が試合に近づいていて、逆に練習では恐怖心があるために試合のほうが楽に思えた。

練習での競争心や負けられないというプレッシャーが大きいから、それを練習で経験してしまうと試合での緊張はあまり感じなくなってしまう。練習相手のレベルも高いわけだから、本番の試合でそれ以上に相手のレベルが上がることがあまりない。本番では調子が悪くても伸び伸びプレーすることができたのだ。

ドイツに行った時に楽にできると思ったら全員が吉田先生だった

青森山田の練習ではいつも自分の限界に挑戦していた。本来の自分は怠《なま》け者で、手を抜いて練習をやるタイプだったのだが、吉田先生の前では手を抜けない。と同時に、追い込まれると自分はこのくらいのことができるんだということを実感した。その時は辛《つら》くて苦しい練習だったけれど、そこを乗り切ることができたから、高校2年の全日本選手権で優勝できたのだと思う。

中学2年でドイツに行った時には、吉田先生から離れたから伸び伸びできるのかと思ったけれど、全くそういうことはなかった。

ドイツの『ボルシア・デュッセルドルフ』での練習では、相手がみんな格上であり、年上だったために、私がミスをすると「なんでそんなミスをするんだ」と露骨《ろこつ》に嫌な顔をされる。そうするとそれが恐怖心になり、緊張感になる。つまり相手が全員吉田先生のように見えてくる。

だから自分の力を示したい。相手が自分を強いと認めてくれたら練習で指名してくるから、自分も頑張って相手に自分を認めてもらえるように頑張っていった。

＊『ボルシア・デュッセルドルフ』＝ドイツ・ブンデスリーガ1部のヨーロッパ屈指の名門チーム。過去にプロ第1号の松下浩二、坂本竜介、岸川聖也、水谷隼が在籍した

吉田安夫氏からアドバイスを受ける筆者（平成19年度全日本選手権大会決勝）

世界ランキングが上がれば上がるほど強い相手を求めて練習するしかない

以前は憧《あこが》れの選手がいた。同時に、「ああしたい」「こうやろう」という目指すべきスタイルや技術があったから、それが練習のモチベーションになっていた。ところが、自分がチャンピオンタイトルを重ねれば重ねるほど、世界ランキングが上がれば上がるほど、憧れる選手はいなくなり、ただ技術の精度を高めるだけの練習になってしまうのが精神的にもしんどい。

一方、レベルが上がっていけばいくほど強い相手を求めて練習するしかない。私の場合、日本人と普段練習をしていてもあまり意味がなくなっている。私が強打して抜けるボールを世界のトップ選手たちは返してくるし、日本選手がミスしてくれるボールを彼らはカウンターしてくる。また日本選手のボールで抜かれることはないのに、彼らのボールでは打ち抜かれるというように、次元が違うことをやられるからだ。

だからこそ、常に新しい環境に飛び込み、強い練習相手を求めることが必要だと思う。

ドイツの名門クラブ・デュッセルドルフで練習する中学時代の筆者

その人のレベルではなく練習への意識と本気度を問う。「生きたボール」を打つ人と練習をしたい

私は群《む》れを作ることをしない。わざと孤立してやっているわけではないが、自分が求めている意識で卓球に取り組んでいる選手がいないから自分ひとりになっているだけなのだ。そういう高い意識でやっている選手がいるならば、その選手と一緒にやりたいと思っている。

逆に、高い意識の選手がいれば自分がついて行くこともある。しかし、実際には自分の周りにそういう選手がいないために、ひとりでやっている。他人を拒《こば》んでいるわけではない。卓球を始めた時からずっとそういう状況だ。

練習では実力を問うのではなく、その選手の意識を問うて相手を探したい。高い意識でやっている選手のボールは生きている。逆に意識の低い選手のボールは形は整っているけれども、見かけだけで実際には「生きたボール」ではない。

国内でそういう生きたボールを打つ選手はあまりいない。だけど、ロシアに行くと、実力は低いけれども、生きたボールを打つ選手が多い。「生きたボール」というのはあまりに抽象的で説明が難し

全日本学生チャンピオンの森薗政崇（明治大）

い。それは「ボールが速い・遅い」とか、「回転がある・ない」ということではない。高い意識で、本気で私に立ち向かってくるようなボールを打っているかどうか、という意味だ。国内で探すならば森薗政崇（明治大）くらいかもしれない。

強い選手はみんなそういう悩みを持っているのだろう。仮に今実力はなくても、「いつか水谷を追い越すぞ」とか「いつか俺が上に行くぞ」という気持ちを持っている選手であれば「生きたボール」を打てる。

生きたボールを打つ人との練習は身になる練習であり、いくらテクニックがあっても、ただ入れるだけの「死んだボール」を打つ人との練習は成果が期待できない。

無駄な練習を繰り返すと悪い癖がついてしまう

ある程度のレベルになったら練習は量ではなく、質を優先すべきだ。

自分自身は満足に練習量を確保できないにしても、質を求めていけば、量が少ないとしても試合で勝てる。周りから見たら「水谷は練習量が少ない」と見えるだろう。それは事実だ。決して高校生の時のようにがむしゃらに長い時間練習しているわけではない。

しかし、質の高い練習をやれば、十分強くなれることを私自身が示している。無駄な練習をやることは無駄な時間を過ごしていることなのだ。ラケットを長い時間握っていれば強くなるものではない。そういう無駄な練習が多くなると、自分を弱くする危険性がある。

それはなぜなのか。無駄な練習によって悪い癖《くせ》がついてしまうことがあるからだ。たとえば、本来はボールが飛んできた時に足から反応して、ボールのところに動かなければいけないのに、疲れた状態でやっているとつい手が出てしまう。それが悪い癖になって、試合の時に手から先に反応してしまう。これは無駄な練習をした場合の弊害だ。

疲れていたり、意識が低い状態だと自然に身体は楽なほうに反応してしまう。だが、それは試合ではマイナスでしかない。

また、卓球でやり込む練習と言うと、フォアで動いて攻撃する練習がほとんどになる。しかし、卓球の試合ではいくら攻める人でも攻撃60、守備40くらいの割合なのだが、練習では攻撃100の練習をしてしまう。そうすると、試合の時にもそれが癖になって、バックハンドで返すべきボールなのに無理にフォアで回り込んでしまい、体勢を崩して試合を不利にしてしまう。これが自分の経験上、一番ダメな癖だった。

成績も調子も落ちてくると、そういう攻撃一辺倒《いっぺんとう》の練習に陥りやすくなる。それは悪循環で、守りの意識が低下し、試合になると攻めたいという気持ちだけが先行する。しかし、前述したように試合になれば半分近くは守備をしなければいけないのだから、結果的に試合がうまく組み立てられない。そうすると頭の中でパニックになり、どう守ろうかと意識がいき、肝心な攻撃さえもうまく機能しなくなる。

日本の練習はラリーを続ける練習が多い。実際の試合ではそういう場面がないのに、ラリーを続けることを強要するような練習が多い。ヨーロッパの練習は目の前のボールに対し、全神経を集中させて打球するためにラリーを続けようという気は全くない。

日本人は疲れて身体がクタクタになり、足が動かなくなってもラリーを続けようという練習がある。しかし、実際の試合で起こらないことをヨーロッパの人はやらない。それは時間の無駄でしかないし、今の私もそういう練習はしない。

自分に負荷を与え、懸命にやっても追いつかないような練習をやる必要がある。ただやるだけの練習、ただ身体が疲れる練習ではなく、難易度の高い練習を常に心がけることが大切だ。

なぜ練習でできることが試合でできないのか

若い時と今では考え方は変わった。練習をやればやるほどうまくなっていく時代は終わった。26歳という年齢になって毎日4時間、5時間練習をやっても、自分が前の自分よりうまくなっているという実感がつかみづらくなっている。

たとえばバックハンドを改善したいと思う。練習をやり込む、そしてゲーム練習でもできた。それなのに実際の試合ではうまくできないということはよくある。しかし、改良した技術というのは本番の試合でできなければ何の意味もない。それは挑戦し続けるしかない。

「挑戦してできないから、やっぱりこの技術はいいや」と思うくらいなら、最初からやらなければいいのだ。練習で挑戦したことを試合で実際にやってみる。それを繰り返していくことで、たいがいのことはできるようになる。

それではなぜ練習でできることが試合でうまくできないのだろう。それは試合での緊張感だ。「負けたらどうしよう」という緊張感と心理的な影響が、微妙にスイングを狂わせたり、打球点を遅らせたり、動きを鈍《にぶ》くさせてしまうからだ。

私自身、練習でやれたことが試合でうまくできなくて反省することのほうが今でも多い。だが、こういうことはアスリートなら誰でも経験していることだ。練習では強いのに試合になると実力の半分も出ないという選手がいる。むしろ、そういう選手のほうが圧倒的に多いはずだ。

これは練習と試合での緊張度の違いからくるものだ。練習では緊張感がないから思い切って振れるし、リラックスしているから良いボールを打つことができる。その練習でのイメージを持って実際の試合のコートに立ち、試合をしてみると思うようにいかない。それは緊張によって身体の動きが違ってくるためだ。

練習で打てるボールを試合でも打てるようにするためには、普段の練習を変えなければいけない。まず練習での集中力をチェックしてみよう。

集中した練習を重ね、身体の芯《しん》から汗が出てくる状態になると、私は練習でもいわゆる「ゾーン」に入ることができる。最高の集中力が発揮され、相手とボールだけが見える状態だ。そういう練習をすることが実戦とのギャップを少なくしていくことになるのだ。

休むのは悪ではない。限界に挑戦することは危険性がともなう

練習では100％の集中力で行い、一球たりとも無駄にしない。その状態で練習をやるわけだからメチャクチャきつい。しかし、人間には限界もあるのだから、それを強制的に超えるような練習はしない。その反動が大きすぎるために、結局は無意味な時間を過ごすことになってしまうからだ。

よくスポーツ界では、「自分を追い込む練習」「徹底的にやり込む練習」「限界に挑戦する練習」という言葉が出てくる。特にジュニア時代の練習では「限界に挑戦」と言って、明らかに過度な負荷や練習を課して、その結果、故障してしまったり、それによって選手のモチベーションが低くなってしまう危険性がある。

名門校というのは「休むのが悪だ」という雰囲気があるが、結果を見ればわかる。青森山田という名門チームでも、自分と丹羽孝希（五輪代表・世界ジュニア優勝）と松平健太（世界ダブルスメダリスト・世界ジュニア優勝）という練習しない3人が強くなっている。また、多くの選手は高校を卒業後、卓球へのモチベーションを失ってしまっている。

自分で頑張ろうと思って大学に入ったのにもかかわらず、誘惑に負けてつぶれてしまう人は多い。成人にもなっていない子どもなのだから楽しいほうに流れてしまう。誘われたら断れない。誘われて

練習がオフの時の筆者

断ったら仲間に嫌われるけれど、嫌われても自分のやり方を貫く人が強くなる人間である。

大学とか実業団はぬるい。日本のトップチームとは言え、ぬるい。卓球で勝負をしないで、アマチュアとして大学や仕事に逃げてしまう環境なのだから。

会社でやっていれば、部署の行事とか、上司に誘われたら飲みに行かなければいけないケースもあるだろう。

高校生の時に有望視されたり、頑張って練習をしていた仲間がそうやって落ちていく姿をたくさん見てきた。もちろん、名門校とは言え、全員が卓球のプロになるわけではないので、勉強や仕事を頑張ろうという人は卓球でなくても、そちらの方面で頑張ればいい。しかし、現実には遊びや飲み会に夢中になり、選手としては中途半端に終わるケースが多いのだ。

自分で考えない選手、目的を持っていない選手は伸び悩む

名門校で活躍した選手が大学に行って伸び悩むケースは前述したが、その原因のひとつは高校時代にもあるように思う。高校生が自分で目的意識を持って練習していなかったり、指導者から言われるままに練習をしているために自分で考える習慣ができていないことが多い。

また、そういう高校では「練習＝厳しいもの、辛《つら》いもの」になっていることが多い。たとえば、試合が終わって休みたいのに練習をやらせられるとか、それこそ疲労がたまっているのに練習を強要されるとか、自分が練習をしたくない時でも休むことは許されないとか、高校の3年間はそこを耐えて練習できたとしても、それを続けたことのストレスを積み重ねて、大学に行った時点でそのストレスから解放される。大学に入って周りを見ると、みんな自由にやっているから自分も流されてしまう。

たとえば、青森山田でも、高校にいる間に選手が弱くなることはまずない。練習量も豊富だし、競争も激しい。高校の時には純粋にみんなが卓球で強くなりたいと思っている。また高校ならば大学のような誘惑もないから練習に集中できるし、高校生活では卓球がすべてなのだ。

ところが、大学に入ると誘惑も増えるし、時間が経っていく中で卓球への熱意が落ちたり、卓球以外でも楽しいことが増え、飲みに誘われたりして、卓球への集中力とモチベーションを失っていくこ

とが多い。

大事なのは自覚なのだ。私は高校の時に全日本チャンピオンになったので、日本を背負っている自覚があり、自分のやるべきことが明確にわかっていた。チャンピオンになってからは自分がしっかり模範を示し、練習や試合をしなければいけないという自覚だ。

明治大に入った頃は好き勝手なことをやっていたけれど、途中から自分が見られているという自覚を持った。チームの中で一番強い人、けん引《いん》する人というのは、周りに見られている自覚や責任というものを感じるものだ。それを意識することで自分も成長できる。

高校の時や大学に入った頃は嫌々練習をしていた時期もあるし、早く練習が終わらないかなと思っていた時期もあるが、大学の途中からはラケットを握っている時には絶対手を抜かないことを決めた。

大学の時、ある実業団チームへ練習に行った際に、ただ疲れるだけの練習を経験した。でも練習に行かせてもらっている立場としては、投げ出すこともできなかった。そのうちに疲れすぎて、全日本選手権という大事な大会の前なのに卓球が嫌になってしまったことがある。

その時に当時の明治大の監督だった高山幸信さんに、「そういう練習をやっても意味がない、それならやらないほうがいい」と注意された。自分でもそう思った。

こなすような気持ちで練習をやれば弱くなる。その練習目的が自分で理解できない、ただ疲れるだけの練習ならばやらないほうが良い。それは、無駄な練習である。それならば試合のビデオを観るとか、体力トレーニングをやるほうがプラスになる。

2001年に青森で行われたマリオ・アミズィッチ合宿。当時筆者（手前）は小学6年生だった

高校や大学では、選手が指導者に「練習のやり方がおかしい」とか、「違う練習をやりたい」とは言えないのが日本のスポーツ界の現状だが、本来は言うべきだと思う。

中国やヨーロッパならば、選手ははっきりと指導者に自分の意見を言ったり、話し合うという土壌を持っている。日本でも選手と指導者が上下関係を超えて、練習内容を語り合えるようになるべきだと思う。

第2章

勝者になるための メンタル

自分でやらずに安易に他人に聞いても、その技術や思考は身につかない。

BUTTERFLY
ADVISORY STAFF
Wiz Co.,Ltd.
TENERGY

「何が何でも勝ってやる、
ここで倒してこいつの未来を奪う」
くらいに思える人が勝てる。
勝敗を分けるのはその決意と執念の差だと思う

簡単にアドバイスを求めるな。苦しみながら答えを見つけようとするそのプロセスが重要

長く選手をやっていると、練習をやればやるほど、試合をやればやるほど調子が落ちていく時期がある。

最近で言えば、２０１４年9月、10月頃、卓球のボールがセルロイドボールからプラスチックボールに変わった時期がそうだった。１８９０年頃に始まったと言われる卓球の歴史の中で、１００年以上使用されていたセルロイドボールから新素材のボールになった。セルロイドボールの弾みや飛び、打球感触が自分の身体や神経にしみついているために、新しいプラスチックボールに順応《じゅんのう》するのが難しかった。

「もう卓球ができないんじゃないか」と思ったこともある。そういう時には他の選手に「プラスチックボールになってどう変えた？　どう変わった？　何がどうなってる？」と聞きまくった。彼らからもらったコメントが復活のヒントになった。

最初はプラスチックボールを打っても「飛びすぎる」「バウンドに対応できない」ということしかわ

プラスチックボールは、現時点ではメーカーによって性質が異なる

からなかった。ところがアドバイスをもらうことでいろいろ見えてくるし、解決方法がわかったのだ。

自分でいろいろ試行錯誤しながら悩み、それでもわからなくて、最後の最後で他人にアドバイスを求める。自分でやらずに安易に他人に聞いても、その技術や思考は身につかない。「これ以上自分はやれません」というところまで自分で徹底してやってみて、もがき苦しみながら答えを見つけようとする。そのプロセスが重要なのだと思う。

＊プラスチックボール＝卓球界では100年以上、自然界の綿花から作られるセルロイドボールを使ってきた。しかし、引火性が高く、主な製造元の中国での製造規制が起こったために、2014年9月からの国際大会からプラスチックを材料とするボールに変わった

自分が成長するためには負けた試合での敗因を忘れてはいけない

負けた試合を引きずることはある。本当は「なかったことにしたい」のだが、実際には敗戦を忘れられない。意識して忘れないのではなく、敗戦の記憶が自分の意識の中にこびりついてしまうのだ。

勝った試合はあまり思い出せないのに、負けたことによって自分の中に悔恨《かいこん》と屈辱《くつじょく》が残る。そして、負けたことには必ず敗因があるわけだから、そこを何とか改善しようとする。自分が成長するためには負けた試合での敗因を忘れてはいけない。

勝った試合はたまにビデオで見るけれど、負けた試合は全く見ない。見ているとむかつくからだ。負けた試合は、「なんであの時にあの1本を使ったのかな」と後悔するだけだから、それをビデオで見返すことはない。やってはいけないことは自覚しているし、敗戦の記憶が心に刻まれているのだから、あえてそれをビデオで見ることはない。

試合では必ずといっていいほど判断ミスがある。サービスを出して相手がストップレシーブをしてきた時に、フリックするのか、ツッツキをするのか、という局面で、フリックできるのにツッツキをしてしまう。打てるのに打たないでつないでしまうという悪い癖がついている。それは毎日コツコツやらないと修正できない。そのギリギリのところを磨き、自分の卓球の無駄を省きたいと思っている。

＊ツッツキ＝台上でのカット打法

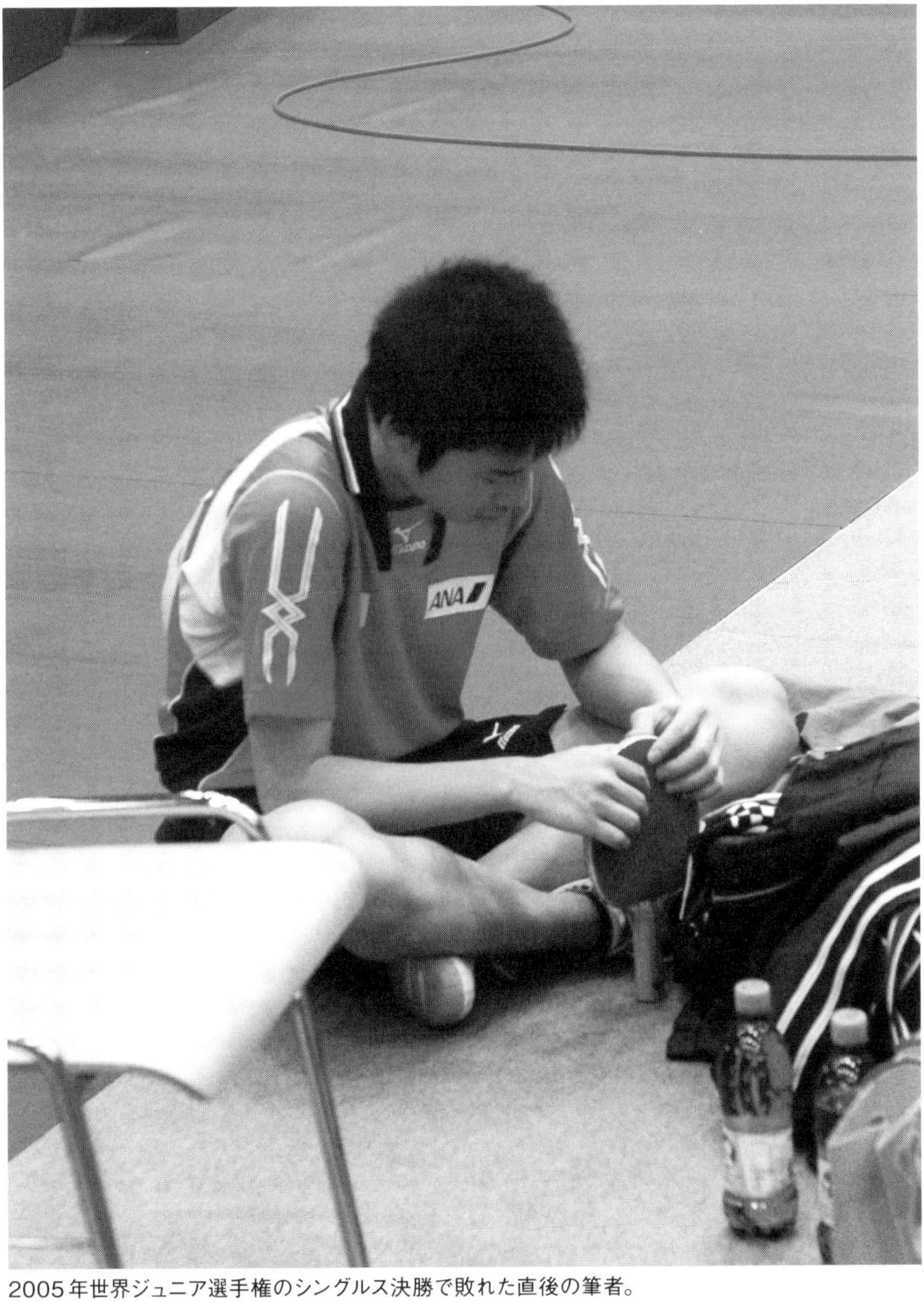

2005年世界ジュニア選手権のシングルス決勝で敗れた直後の筆者。
敗戦のショックから立ち直るのに時間を要した

相手を見下すな。横柄な態度を取るな

中学に入った頃、坂本竜介さん、岸川聖也さんという二人の憧れの先輩がドイツのブンデスリーガに挑戦していて、「ドイツか、かっこいいな」と思っていた。その頃は憧れるだけの存在で雲の上の人たちだった。そういう人たちが海外でやっていることに「すごいな」と憧れていた。自分が行けるとはその当時は思ってもいなかった。

私が中学2年でドイツに行った頃、同世代では小学校低学年からトップを走り、その年の全日本選手権では史上最年少でジュニア優勝、一般でランク(ベスト16)に入った。周りが騒ぐたびに「オレはすごいな、オレはできるんだ、他人とは違うな」と思っていた。

その感情は、卓球という自分がやっているスポーツの中での、自分の自信と誇りだった。ただし、周りが騒いでも浮かれることはない。周りにほめられても調子に乗ることはない。

少しばかり他人より強いだけで天狗《てんぐ》になってはいけない。今まで卓球をやってきて、成績が良い時でも自分は天狗になったことがない。

小さい頃から、面倒を見てもらっていた祖父(故人)にいつも言われていた言葉がある。祖父は会うたびに「絶対人を見下すな」と厳しく注意してくれた。自分もそれを守ってきたと思う。相手が弱い選

2005年、ドイツでプレーしていた頃（左から坂本竜介、岸川聖也、高木和卓、筆者）

手でも見下すような態度を取ったことは一度もないし、そう思ったこともない。

相手が弱いとか、才能がないとか、そう思ったことは一度もないし、口に出したこともない。逆に、選手が強くなった時になぜ相手を下に見たり、横柄《おうへい》な態度をとるようになるのかが理解できない。

友だちとか仲間に対しても、「オレはすごいでしょ、オレ強いでしょ」と言ったことは一度もない。「オレはすごいな、オレはできるんだ」と呟《つぶや》くのは自分に対してだけだ。それでいい。

勝負の中で「オーラ」や「殺気」を感じることがある。形として見えなくても確かに「感じる」

勝負事《ごと》で、勝てる人と勝てない人がいる。勝てる人の思考と勝てない人の思考には、それぞれの傾向があるように思う。

その違いはメンタル。「勝つためには手段を選ばない」と思える人が勝てる。それが勝てる人のメンタリティーだ。汚《きたな》い手段を使うのは良くないけれども、そのギリギリのところで勝負する人が勝てる人かもしれない。そこまでのことをしても勝ちたいという気持ちを持っているからこそ、最後に執念《しゅうねん》の差が出る。勝つ人はみんなそうなのだ。

「勝ちたい」「勝つために頑張ろう」「悔いの残らないように精一杯やろう」「勝敗よりもその過程が大事なんだ」と思っている人は、最後に勝てない。それは負ける人のメンタリティーだ。

「何が何でも勝ってやる、ここで倒してこいつの未来を奪う」くらいに思える人が勝てる。勝敗を分けるのはそこの決意と執念の差だと思う。

全日本選手権のような国内の大会では、そういう「オーラ」を発する自分の空気に相手を取り込むことができる自信がある。勝負への執念では自分が相手より上回っているからだ。

ところが、世界という舞台に行くと話は別だ。現在世界ランキング7位(16年2月)だが、相手が中国選手になると、自分が逆に相手のオーラに呑まれることがある。強い選手になればなるほど強大なオーラに呑まれてしまう。いつもの自分ではなくなっている。

打たなくてよいボールまで打ってしまうとか、打たなければいけないボールが打てなくなるとか、こういう経験は選手ならば誰もがしているはずだ。

国内ではそれが逆になるのだろう。相手は私のオーラに呑まれて、実力を発揮できなくなるのだ。入らないようなボールまで無茶打ちをしてくるし、ラリー戦になって自滅したりする。

相手のオーラに呑まれそうになったら、そのオーラを絶ち切ろうとするしかない。自ら相手を上回る殺気を出すのだ。それを無意識でやっていることもある。

オーラとか殺気というのは言葉として口に出しても理解してもらうのが難しい。形として見えないからだ。ところが、その見えないものが世界の大舞台では飛び交っている。

たとえば、強い選手とラリーをしていて、相手の気がフッと抜けたようになることがある。それは試合をしていてわかる。「あれ、相手はどうしたんだろう」と思っていると、コートにボールが飛び込んでくる場面だったりする。

つまり、相手はラリーをしていて、そのボールが視野に入った瞬間に、「このラリーは中断」と判断して、放っていた気を抜く。打ち合いの時や、相手と台を挟んで対峙《たいじ》した時には、相手が発する気を

オーラを見せない朱世爀

感じることができる。

その「気」がオーラであり、オーラ同士がぶつかって、オーラが上回っているほうが試合で勝つ。ところが例外的な選手もいる。韓国の朱世爀《チュ・セヒュク》（03年世界選手権2位・五輪団体メダリスト）という選手はオーラを見せない。見せない選手は対戦していてやりづらい。

練習でも、ただ一生懸命やっていて勝つ気のない選手なのか、勝つ気を持って練習をやっている選手なのかはすぐにわかる。練習でも「気」が大事なのだ。卓球のように274㎝という卓球台を挟んで、至近《しきん》距離で相手の表情や視線がわかる中で打ち合う競技では、選手同士の「気」と「気」の勝負とも言える。そこで逃げた者は試合では決して勝てない。

第3章

チャンピオンの異常性

強い人、チャンピオンというのは「異常者」だ。

BUTTERFLY
ADVISORY STAFF
1950
Wiz Co.,Ltd.

勝つ人の個性というのは他とは違う。
勝つための個性――異常性を持っているからこそ
チャンピオンになれるのだ

チャンピオンが持つ異常性とは何か。「勝つための個性」それが「異常性」

強い人、チャンピオンというのは「異常者」だ。表現は過激だが、「異常性を持った人」という言い方もできる。悪い意味ではない。英語でも「あいつはクレイジーだ」と言う時があるけれども、それは悪い意味だけではなく、他人と違う考え方や行動、執着心を持った人。あるいは、突き抜けた異常性を持った人を表す時に「クレイジー」を用いる。

自覚ある異常者は強い。選手としてその領域まで行かないと、日本や世界の頂点に立てないのではないか。大きな舞台で勝つために他人と違うことをしていかなくてはいけないし、リスクがともなう。他人と差をつけるというのは「異常なまでに得点に執着できるかどうか」だと思う。

コーチの意見に従わないとか、違う意見を言って、他人と違う道を歩けば、マイノリティー（少数派）なので居心地《いごこち》は悪いし、批判もされやすい。まさに日本では出る杭《くい》は打たれる。だけれど、チャンピオンは突き出た杭なのだ。叩かれても叩かれても突き出ていくからチャンピオンになれるのではないだろうか。

「異常性」は良い意味では「個性」という言葉に置き換えられる。誰もが個性は持っているが、勝つ人の個性というのは他とは違う。勝つための個性――異常性を持っているからこそチャンピオンになれるのだ。

私は生まれながら勝つための異常性を持っていたのではなく、勝つために「異常性」を備えたと思っている。異常にならないと世界のトップ、日本のテッペンには行けない。

異常なまでに自信を持ち、執念を持つ「異常な選手」でなければ大舞台では勝てない

自分の異常性に気づいたのは子どもの時だ。正確に言えば、「普通の選手では試合では勝てない」「異常な選手」にならないと試合では勝てないと気づき、自分の異常性を高めようと努めた。だからこそ中学2年でドイツに行くことを自分で決めた。

練習での異常性というのは、いわゆる「異常な執念」。それは練習でも1本1本、執念を持って打球することだ。私は他の選手と比べると背負っているものの大きさが違う。そして、妥協《だきょう》しない意識、細部へのこだわりを持って練習している。オフチャロフ（ドイツ）や中国選手を見ていると自分と同じ執念を感じることがある。

上に行けば行くほど、勝った時に得るものが大きい。自分が勝てばどれほどのものが得られるかをわかっているし、同時に負けた時に失うものがどれだけのものかも知っている。強くなればなるほど、勝って得るものの大きさと負けて失うものの大きさのギャップがだんだん広がっていく。

得るものとは、お金であったり、名誉、支えてくれている人の喜びである。負けた時にはそれらをすべて

失い、プライドも傷つき、周りの人をも傷つけることがある。

それは重圧として選手にのしかかってくる。「水谷は全日本選手権の決勝を楽しんでいて、自信たっぷりだな」と言われることがある。しかし、実際には大舞台になればなるほど逃げ出したいような気持ちを抱えている。ただ、それを相手にも観客にも悟られないようにしているのだ。

そんな大舞台で勝てる人、いわゆるチャンピオンはある種の「異常者」なのだ。とは言え、「君たちも異常になれ」と言っているのではない。異常でちょっと頭のおかしいやつがチャンピオンになれるという論理でもなく、異常者を肯定《こうてい》しているわけでもないので、誤解しないでほしい。

全日本選手権決勝で勝つ人、五輪の大舞台で力を発揮できる人は、誰もがそういう「異常性」を持っている。もしくはそういう異常性を自ら作り出し、自分の世界に入り込める人だ。

指導者に言いたいのは、チャンピオンのそういった側面を否定するばかりではなく、理解してほしいということだ。チャンピオンという人種は必ずそういう異常性を持っていて、それがないとチャンピオンにはなれないのだと。

世界選手権や五輪で戦うことは大きなプレッシャーを背負うことになる。そのプレッシャーに打ち克《か》つためには、練習の時から良いパフォーマンスをしなければいけない。練習の時から極度の集中力が必要となり、それが周りから見たら「異常」に映るのかもしれない。上に行けば行くほどプレッシャーが大きくなるし、試合で勝てない人というのはそのプレッシャーに呑まれてしまう人なのだ。

そのプレッシャーに打ち克つ人は、異常なまでに自信を持てる人、異常なまでに執念を持った人である。

試合での異常性というのは、いわゆる「ゾーン」に入り、周りが見えなくなる状況を作れる人を意味する。滅多《めった》にはないけれど、完璧なまでに集中した時にはその領域に入ることができる。ゾーンに入ると、周りのものが見えなくなり、相手とボールだけが視界に入ってくるし、余分な音もシャットアウトされる。つまり最高の集中状態になる。そこでの時間と空間は特別なものとなる。

ゾーンに入る時には入るだけの状況設定が必要となる。相手と力の差がある時にはゾーンには入らない。しかし、相手との力も拮抗《きっこう》し、相手もこちらも試合で勝とうとする気持ちがぶつかり合った大舞台で、ゾーンに入っていく。世界のトップ級の選手はゾーンに入れる人たちだ。世界選手権や五輪ではお互いがその領域に入って戦っていると思って間違いない。

＊全日本選手権大会＝１９３６年（昭和11年）から続く国内最大の選手権。一般種目では小学生から社会人まですべてのカテゴリーの選手が一堂に会し、優勝を争う。筆者は、高校2年で男子最年少で優勝した

＊世界選手権大会＝１９２６年を第1回とする選手権。現在は偶数年に団体戦、奇数年に個人戦（男女シングルス・男女ダブルス・混合ダブルス）が開催される

＊五輪＝４年に一度の夏季オリンピック競技会。卓球は１９８８年ソウル大会から競技種目となり、シングルスと団体戦が行われる

初めての五輪（2008年北京）。シングルス初戦では、出足は悪かったが後半にスーパープレーを連発してエロワ（右／フランス）に勝利した

「人間力って、何ですか？」他人に好かれる人がチャンピオンになれるのか

日本の指導者は、「人間力が重要」「人間力を鍛えろ」と選手によく言う。しかし、私は全く理解できない。

さらに「卓球を通して一流の人間になれ」という言葉は一番嫌いなフレーズだ。「卓球を通して」という時点で、卓球を下に見ているし、卓球を土台にしているのだ。卓球に懸けていない。私は卓球にすべてを懸けているのに、「卓球を通して……」と言っている時点で試合で勝てるわけがないと思っている。

なぜ日本の指導者はそういうフレーズが好きなのか。

それは卓球というスポーツを学校教育の延長だと考えているからではないのか。学校ではとんがっている子どもは嫌われる。あいさつがしっかりでき、先生の言うことをしっかり聞ける子どもがほめられる。一方、ヨーロッパではスポーツは文化だ。結果として、スポーツが子どもたちを育て、夢を与える。スポーツの中で他人と同調するのではなく、人と違う才能を発揮したら、それを「個性」とし

て認めてあげる。

私自身、「人間力」と言われて、ピンと来たことがない。一流の人間じゃないと一流選手にはなれないと言われても全くピンと来ない。

卓球は自分にとって楽しみであり、仕事でもある。その仕事で認めてもらいたいと思っている。だからすべて自分の責任で練習をするし、試合に向かっていく。だからこそ、他人に強制されることを嫌う。詰め込み教育をされて、子どもが本当に個性を発揮することができるのだろうか。

スポーツの世界で成功する人、ビジネスの世界で成功する人というのは、ある種の異常性を持った人たちだと思う。何でも平均以上にできる優等生のような人が頂点に立ったり、ビジネスで成功している例が本当にあるのだろうか。スポーツでもビジネスでも成功するためのプロセスは同じなのだと思う。

彼らは常人では考えられないような発想を持ち、努力をしているからこそ成功して、他の人よりも上に立っているのだ。

チャンピオンになった人で、みんなから好かれて、性格も穏やかで、人柄が良いという人が果たしているのだろうか。それは他人と競争しない、競争したくない、争いごとが嫌いな人のように聞こえてしまう。

チャンピオンになるためにはまず自分のことを一番に考えないと頂点には立てない。チャンピオンという人種は、他人を蹴《け》落としてでも頂点に立ちたいという強烈な自我を持った人たちなのだ。

もし、「人間力が高い＝人に優しい、信頼できる人間性、誠実な人柄、責任感がある」という意味ならば、それは試合で勝つ性質とは違うものだと思う。あいさつをしっかりするというのはスポーツマンとして、人間として当たり前のことだ。チャンピオンとして模範になる行動を示すということも理解はできる。

しかし、「人に好かれる人間になれ、でも試合でも勝てよ」というのは矛盾《むじゅん》している。指導者の都合の良い理屈にしか聞こえない。試合で嫌われるほど強いから、チャンピオンになれるのだ。

筆者のライバルであるドイツのオフチャロフ。
異常なまでの執念を感じる選手だ

チャンピオンは天下一品のギャンブラー。ギャンブルとスポーツは人間の本性が出る

チャンピオンはギャンブラーだ。これは悪い意味ではなく、チャンピオンという人種はある種、特殊な才能を持つ天下一品のギャンブラーだと思う。

ギャンブルとスポーツというのは人間の本性《ほんしょう》が出てしまうものだ。その人の強さも弱さも出てしまう。そして熱くなってしまう。だからこそ、ぎりぎりの勝負で、そこで大きく張れる人はギャンブルもスポーツも強いことになる。勝負すべきところで守りに入る、大きく張れない人はスポーツの大舞台でも勝てないのではないか。

もちろん、試合で勝つためにギャンブルをやりなさいと言っているのではない。ギャンブルをやればスポーツの世界でも勝てるという意味でもない。ただ、ギャンブルでもスポーツでも勝負を仕掛ける勇気と、勝負するタイミングは共通している。

卓球の試合では、ゲームオールで競り合いになって、その場面でそれまで一度も使っていないサービスを出すことがある。それまでに相手がやってきたことのデータから弾《はじ》き出されたり、その瞬間のひらめきも重要になる。

スポーツの世界でもギャンブルの世界でも、「流れ」というものがある。目に見えないけれどもその

「流れ」は確実に存在する。良い流れの時には何をやってもうまくいく。逆に「流れ」が悪い時には何をやってもうまくいかない。スポーツで強い、ギャンブルで強い人というのは、そういう「流れ」をキャッチするのがうまい人だと思う。

試合の時に、ネットインやエッジボールが続いたりしたらどうしようもない。完全にお手上げ状態になる。いわゆる「運がない」「ツキがない」という状態だ。

一方、そのツキを自分に呼び込む、運を引き寄せることも選手としての力量だろう。私は今まで全日本選手権で8回優勝した。年々選手のレベルが上がり、簡単なことではない。10年連続決勝へ進み、うち8回優勝というのはある種の「運」がないとできない数字だと思っている。

トーナメントの組み合わせであったり、ラッキーな局面は幾度もあった。そういう目に見えない力が私は相手よりも上回っていた。そういう「運」を引き寄せる力量が自分にはあったと思っている。「運も実力のうち」という言葉があるが、それは「流れ」をキャッチして、そこで一気に勝負を決する勇気だと思う。

「運」というのは平等ではない。運を引き寄せる人がいる。運の引き寄せ方がうまい人がいる。そういう人には運が向いていき、そうでない人には少ししか向かない。運を引き寄せるのがうまい人は、その流れや運を感じ取れる人だと思う。

「運」を感じられる人は、流れが来た時に一気に勝負に行ったり、その流れに乗っていける人だ。そういう人は悪い流れになった時にすばやく察知し、難しいけれども、その流れを変えることができる。

普段の水谷と卓球の水谷は全く違う。二重人格者を装うのだ

自分自身、中学2年でドイツに行った時点で、「自分は一生卓球をプロとしてやっていくんだな」と覚悟した。その時点で卓球のプロの世界から後戻りはできないと思っていた。

学校生活の思い出や、文化祭とか修学旅行の思い出も何もない。当時は辛かった。プロの生活というのは得るものもあるが、失うものも多い。自分としては今の生活がいいと思うけれど、周りには自分のような生活は薦《すす》められない。

講習会に行くと、「どうしたら水谷さんのようになれますか」と聞かれるけれど、その時には「練習を頑張ってください」としか言えない。心の中では「オレみたいな生活は薦められないよ」と思っている。私だから耐えられたけれど、私じゃなかったら耐えられないという思いもある。

異常性というのは「頑張る」という意味とも違う。頑張ることは誰でもできる。チャンピオンは、リスクを背負い、重圧に耐えなければならない。並の頑張りではなく、犠牲をいとわない「異常なほどの頑張り」がないと頂点には立てない。

今持っている異常性は意識して植え付けているものだ。今でも油断したら全く異常性がなくなり、普通の選手になっている。だから現役《げんえき》が終わったら異常性は捨てて普通に戻ればいい。

普段は「水谷隼」という自分を示そうとは全く思わない。意識して卓球から離れたら気配を消そうとする。卓球の水谷隼は何と思われようが構わない。嫌なヤツだと思われようが全く気にしない。つまり、卓球における「水谷隼」はある種のブランドで、このブランドは「勝つこと」でしか輝かないと思っている。

しかし、卓球を離れた自分が取っつきにくいヤツだとか嫌なヤツと思われるのは好きではない。だから普段は努めてフレンドリーに仲間に接するようにしている。

卓球ではチャンピオンでいる限りは妬《ねた》まれる。強くなれば叩かれる。それは仕方ない。

ある意味、「卓球での水谷隼」と「普段の水谷隼」を使い分け、二重人格のように振る舞うようにしている。卓球の水谷隼は異常者である。しかし、普段は嫌われるよりは好かれるようにしている。だからこそ、普段は「卓球の水谷」のオーラを消す。

第4章

勝つためにコーチに求めるもの

コーチは「熱い応援者」ではなく、「冷静な分析者」でなければいけない。

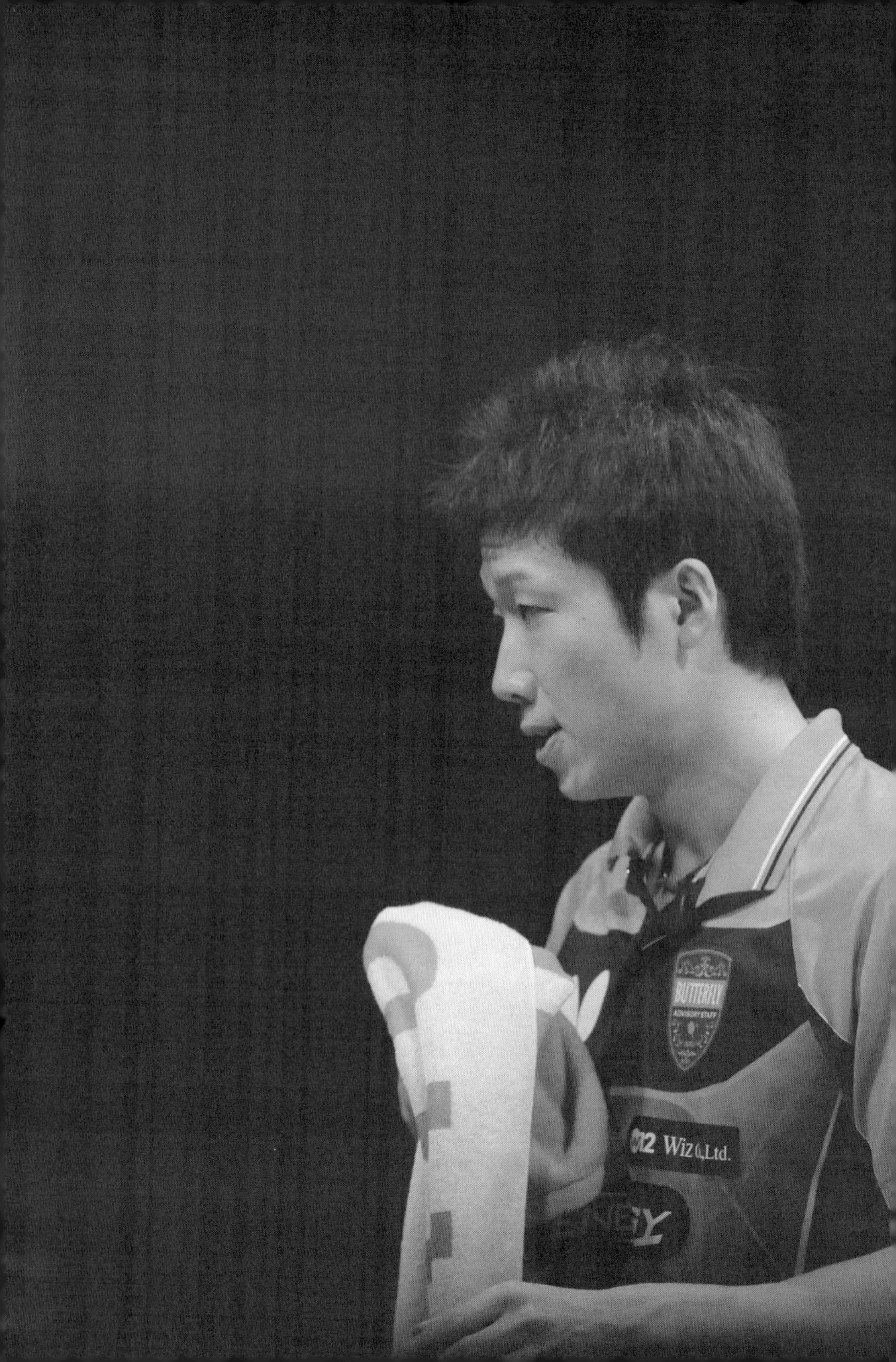
BUTTERFLY

選手というのは背中を押してほしいと思っている。
迷っている自分の背中を押してほしいと思ってベンチに戻るのに、
そこでコーチが迷っていたらどうすればよいのだろう

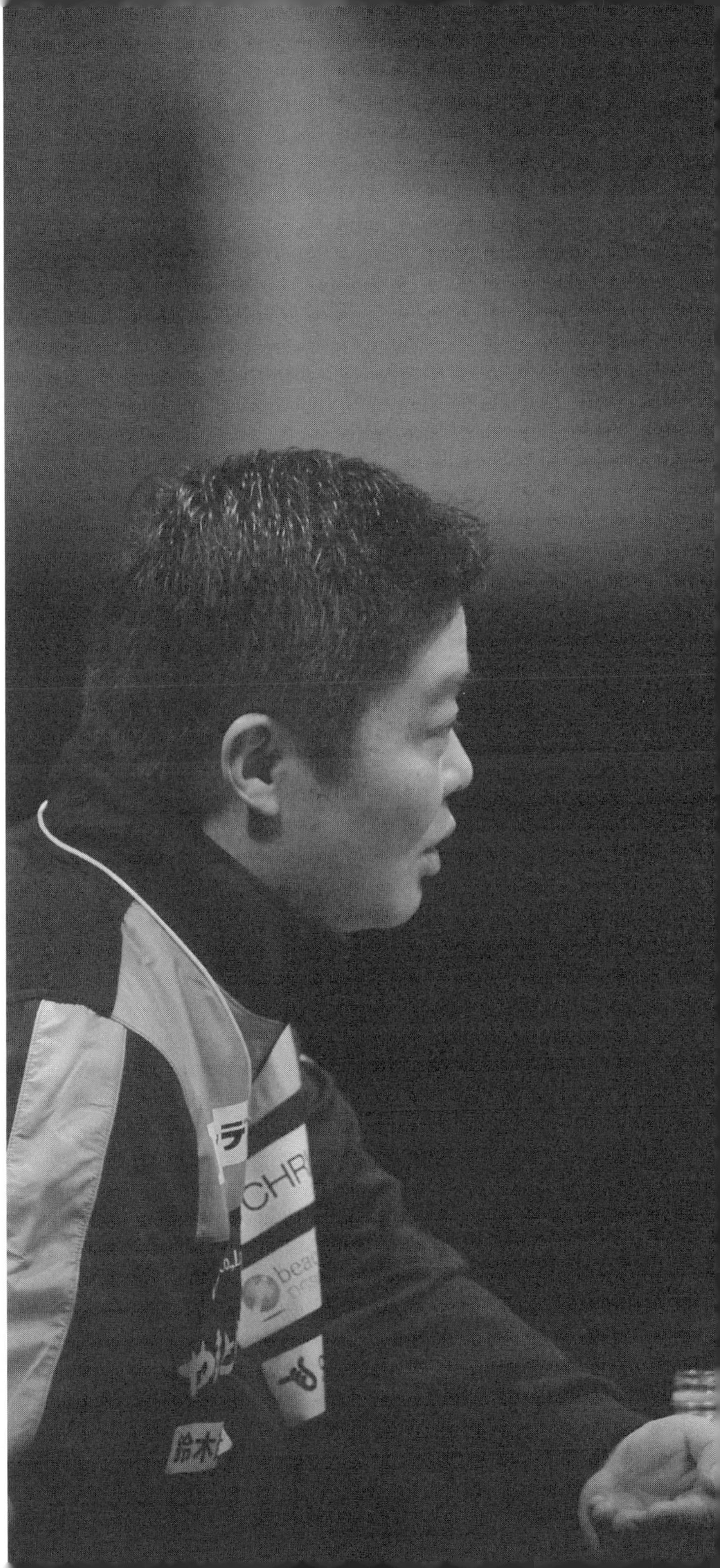

世界選手権でもすぐに負けて途方に暮れていた時期に邱建新コーチとの出会いがあった

選手から見た時の、優れたコーチ、良き指導者の資質とは何だろう。

私は明晰《めいせき》な頭脳を第一に挙げたい。中国の劉国梁《リウ・グオリャン》監督（元五輪金メダリスト・五輪優勝監督）や邱建新《きゅう・けんしん》コーチ（チウ・ジェンシン／かつて中国ナショナルチーム、ブンデスリーガで選手、監督として活躍）に共通するのは、頭の回転が速く、分析能力の高さを感じさせる点だ。

それに自分に自信を持っていること。「オレが分析したんだから、絶対こうすべきだ、絶対大丈夫だから」というような１００％の自信を持っている。

「こうしたらいいんじゃないか」とか、「オレはこう思うけど、おまえはどう思う」と選手に聞いてくるようなコーチの言葉はなかなか聞き入れることはできない。日本人に多いタイプの指導者だ。

時にはコーチが間違っていることもあるけれど、選手からすると自信を持ってアドバイスしてもらうほうがよい。もちろん、あまりに食い違う時には徹底して話し合うしかない。コーチが自信を持っていなくて、かつ話し合う時間がない場合、選手がコーチに対して信頼関係を持つことは難しくなる。

邱建新さんには2013年11月のドイツオープンの時からコーチを受けている。高校時代から邱さんのことは知っていた。しかし、インターハイ前に学校に来てくれて、多球練習などをよくやってもらう程度の関係だった。コーチを受けたことはなかったが、何かのきっかけで連絡を取ることになった。

その頃は世界選手権（13年パリ大会）でもすぐに負けて途方《とほう》に暮れていた時期だった。「今コーチを探しているんだよね、邱さんみたいな人がいればいいんだけど」と言ったら、「オレいいよ、できるよ」と簡単に引き受けてくれた。

ちょうどその年の1月の全日本選手権の決勝で、私は丹羽孝希に負けた。丹羽は高校の後輩でもあるけれど、当時、ドイツ・ブンデスリーガの『フリッケンハウゼン』でプレーしていて、そのクラブの監督が邱さんだった。相手の丹羽のベンチには邱さんがいた。そして試合後に、「隼、決勝のここがこうだった」とか、「オレがおまえのベンチに入っていたら絶対勝っている」と言われたことが頭にあった。

邱さんは技術やフォームのことはあまり言わないけれど、「この練習をやったらもっと強くなる」ということは言ってくれる。邱さんが要求する練習を行うと汗の量が半端《はんぱ》なくすごい。同じモチベーション、同じ集中力でやっていても汗の量が違う。たぶんそれは邱さんが見ているプレッシャーだと思う。以前だと、練習をしていても周りが見えていたのに、今では邱さんの練習をしていると周りの台が見えない。それだけ集中している証拠だと思うし、邱さんに認められたいという気持ちが働くのだと思う。

＊ベンチコーチ＝卓球の個人戦ではベンチにコーチが入ることができる。各ゲーム間でアドバイスできるのは1分間

邱建新コーチとの信頼関係。離れていても選手を思うコーチの態度に心を動かされる

もし世界最高峰のエベレストを卓球にたとえるならば、私は近道を選ぶ。くねくねと曲がりながら上がっていくような道は選ばずに、まっすぐ頂点に向かう道を迷わず歩いていくだろう。

頂点へ進むまっすぐの近道というのは、つまり道なき道を突き進むということだ。一般の安全な登山道なら道はあるけれど、誰も開拓していない地で誰も通ったことのない道を自ら切り開いていくことに意味がある。険しい道であることは間違いない。しかし、険しい道を覚悟して進むしかない。

私の場合、中学から高校、大学と急に強くなりすぎたために自分を助けてくれる人が追いついてこなくなったとも言える。だからすべてを自分で決めて、自分で荷物を背負って険しい道を歩くしかなかった。荷物を持ってくれる人がいないのだから最短距離を選ぶしかない。身近なライバルがいなかったために、孤高の選手として自分ひとりで歩いていくしかなかった。誰かと一緒に切磋琢磨《せっさたくま》して強くなるという環境ではなかった。

今は邱建新さんというコーチがいるから、二人でいる時にはほとんど邱さんが練習内容を決めてい

筆者と邱建新コーチ（14年男子ワールドカップ）

く。そのうえで私はさらに負荷をかけたり、コースなどの変化を相手に要求して難度を高める練習にしていく。

邱さんと2年半やってきて、はじめの頃から意見がぶつかることが多かったし、解決できないことも多かった。しかし、お互いじっくり話し合ったり、日本とドイツと離れている時にはメールを送りながらやりとりをしていく。試合での反省点や練習内容を話し合いながら二人の信頼関係を築いていったのだ。

邱さんは自分が帯同できない試合、たとえばロシアリーグなどは動画をすべてチェックして、あとでアドバイスをくれる。時には、あの場面ではこういうサービスを出すべきだとか、こういう練習をしたら良いと、自分で実際に練習をした動画を撮って送ってくれる。それに対して自分も練習をやってみて、動画を送り返す、というように常にやりとりをしている。離れていてもコミュニケーションを取ることが大事だし、お互いがプロフェッショナルであり、そういう真剣さがあるからこそ、私は彼のアドバイスに耳を傾けるのだ。

中国チームの劉国梁監督。選手にアドバイスを与える口調は熱い

コーチによって選手は変わる。その教え方や接し方で良くもなるし、悪くもなる

私は若くしてチャンピオンになったために、周りも腫《は》れ物に触るように接していたと思う。高校2年で全日本チャンピオンになってからは特に正面からぶつかり合える、卓球のことをとことん教えてくれるコーチとの出会いはなかった。

ただし、邱さんとは卓球のことを徹底的に話し合う。自分には自分なりの卓球への考え方、自分の卓球理論がある。その自分の理論を理解してくれたうえで、邱さんは修正してくれる。練習が終わったらそれでコーチと選手の関係が終わりというのではなく、自分が卓球のことを考えている時に邱さんも自分のことを考えてくれて、自分が海外リーグで単身でプレーしている時でもそれを映像でチェックしてくれる。

選手としては、そこまで自分のことを考えてくれているんだと意気に感じ、そういうコーチのためにも頑張ろうという気持ちになる。自分自身も徐々に変わっていった。

常に邱さんがついているわけではないが、そこまで邱さんが自分のことを考えているわけだから、

邱さんに指摘されたことを次に会う時まで改善していこう、邱さんのためにも試合で絶対に勝ちたいという気持ちになる。

改めて思うのは、人としてひとりでできることは少ないこと。小さい頃から「ひとりでは何もできないよ」と言われてきたけれど、心のどこかでは「いや、オレは他の人とは違うよ、他人の助けなんかいらない」と思っていた。でも、実際はひとりでは何もできないことに気づいた。そして、二人だったらもっと多くのことができる。普段から気に懸けてくれて、自分の見えない部分を客観的に、しっかり分析して評価してくれる人が必要なのだ。思いつきの発言ではなく、自分のために良いところも悪いところも正直に言ってくれる人が必要なのだ。

チャンピオンになって、タイトルを重ねていくうちに、私に対して正直に言ってくれない空気があったと思う。自分自身もチャンピオンということで棘《とげ》をつけたようにツンツンしていたり、「簡単に触るなよ」という空気を放っていたのかもしれない。

普段の練習をやっていても、今までは自分が正しいと思ったことをやっているだけで、それが本当に自分に役に立っているかどうかというのはわからない部分もあった。自分が日本の頂点に立っていても、時にはやっていることが正しいのかどうか、自分で判断できないこともある。今は邱建新さんというコーチがいて、彼が自分の卓球を分析し、試合を分析し、長所・短所をしっかり見極めたうえで練習メニューを組んでくれる。

コーチによって選手は変わる。その教え方や接し方で良くもなるし、悪くもなる。

名選手であっても、チャンピオンであってもコーチになったら一から勉強をするべきだ

選手によってコーチに求めるものは全く違う。

私は練習内容を考えてもらったり、自分のプレーの悪い点、改善点をアドバイスしてもらいたいと思っている。自分はこう考えているんだけどもどうだろう、というように、聞くだけでなくて、私の考えを聞いてほしいという思いもある。

中にはコーチからの指示をすべて受け入れる人もいる。また、自分でメニューを全部決めて、それをコーチに見てもらって感想だけを求める人もいる。

私が嫌いなのは、強制的に練習時間や休みをコーチによって決められることだ。練習は自分のペースでやりたい。自分の身体や精神状態は自分自身が一番よくわかっているので、最高の練習をするため、最高のパフォーマンスを試合で発揮するためには自分が調整して決めたい。

コーチと選手は別物だ。名選手であっても、チャンピオンであってもコーチになったら一から勉強をするべきだと思う。ところが日本ではコーチになったらそれで終わりという雰囲気がある。選手が

強くなろうとしてトレーニングをしたり、工夫した練習をするように、コーチもよりレベルの高いコーチングができるように、勉強や訓練をするべきだと思う。

もし自分が現役をやめて指導者になるとしたら、いろいろな企業に行って指導的な立場にいる人と会ったり、他の競技の指導者と話をしたりして、一から勉強するだろう。選手と立場が違うわけだから、自分が指導者として尊敬してもらえたり、自分の話に耳を傾けてもらうためにはいろいろな勉強が必要になる。

世界レベルで戦った人でないと世界レベルの選手を教えるのは難しいと思う。もちろん子どもたちやジュニアに対して、中級者に対しては選手としての実績というよりも、指導者の人柄や情熱が重要だと思う。しかし、世界選手権で勝とう、五輪で勝とうというレベルの指導者は、世界レベルを経験した人でないとアドバイスが選手の心に響かない。

中国の劉国梁監督、前中国女子監督の施之皓《シー・ジハオ》（五輪優勝監督）、ドイツのロスコフ（元五輪ダブルス銀メダリスト）のように、世界で戦った人でないとわからない世界がある。彼らは苛酷《かこく》な練習を自ら経験し、そこで開花した人や挫折《ざせつ》した人を見ている。そういう経験を持たないで、世界で戦う選手を指導できるのかは疑問だ。

日本と中国のコーチの違い。日本のコーチのレベルが世界水準になれば日本の選手はもっと強くなる

日本人のコーチは私に対しては一歩引いている。何も言わなくても自分でやれるだろうという様子を感じ取ることができる。しかし、実はいろいろと言ってほしいと思っている。

もし言われたことが間違っていたり、自分の考え方と違う場合は、自分の考えを言う。そこでの選手とコーチの話し合いは必要なことだし、言い合うことも悪いことではないと思うが、日本のコーチはそこで引いてしまう。

現在のコーチの邱建新さんとはいろいろと話し合うことが多い。また、歴代のチャンピオンのような卓球界の大先輩と会えば、いろいろとアドバイスを受けることがある。

それを一つひとつ全部聞いても実行はできない。しかし、多くのアドバイスや話の中で、「なるほど」と思うことがある。自分がチャンピオンだからすべてを受け付けないのではなく、何かヒントになる言葉が埋まっていることがある。卓球のことだけではなくて、人としても参考になる言葉がある。

中国を見ると、世界チャンピオンや五輪金メダリストが、劉国梁監督にアドバイスをもらう。まる

12年ロンドン五輪で団体優勝を果たした中国女子の施之皓監督（中央）は、元世界団体チャンピオン

で中学生のように直立不動で聞いている。あれはいいことだと思うし、同時にうらやましいと思う時もある。それは、劉国梁監督が卓球を熟知して、トップ選手のことを理解しつつ、その言っているアドバイスに説得力があるからだろう。単なる国家体制というシステムの問題ではなく、監督に対する尊敬の念があるからだと思う。

日本も世界的なレベルの選手がコーチになって、選手にアドバイスするようになればもっとトップのレベルは上がってくると思う。日本には有望な子どもたちは少なくない。コーチのレベルがもっと向上すれば中国にも対抗できるようになるだろう。

プロスポーツの世界では結果がすべてになる。練習という過程が大事ではなく「勝利」という結果が大事なのだ

ヨーロッパでは選手とコーチがケンカのように言い合うことは珍しくない。そういう選手とコーチの関係も良いとは思うけれど、「日本人」の場合は、意識したとしてもそういう関係にはならないだろう。その壁を壊《こわ》すのは日本人に生まれて日本人でいる限り無理だと思っている。

日本のコーチはアドバイスに保険をかける場合がある。選手が勝とうが負けようが、自分には関係ない、というスタンスのように感じることもある。

海外のクラブではどこでも成績が出なければコーチはクビになる。サッカーのように「結果が出なければ即刻クビ」というようなシステムで、指導者にもプレッシャーをかけるようになれば、日本はもうひとつ上のランクに行けると思うし、指導者も必死になるだろう。

プロスポーツは結果を残さなければいけない。ところが「頑張った」という評価をもらって、満足してしまう部分が日本人にはある。極論であり、真実を言ってしまえば「練習しようがしまいが、勝てばそれで良い」とも言える。その代わり、負けたら責任をとり、批判を受ける。それがプロフェッショ

元五輪メダリストのロスコフ（ドイツ）は現在ドイツの男子監督

ナルだ。

結果が残せるのであれば、その人が正しいことになる。言い方を変えるならば、良い練習をすれば結果として勝利が生まれる。結果が悪かったら、それは良くない練習をしていたことになる。「勝つという結果が大事。そのためには最高の練習が必要」とも言える。

練習を多くするのは良いことだとは思うけれども、それが正しいかと言われれば、そうとも限らない。過程も大事だけれども、勝つための方法を身につけることが大事だと思う。そういった厳しさを持ち続けることによって「勝利」はやってくるのだ。

リードしていて「そのままでいいぞ」という言葉掛けはそのゲームを捨てることと同じだ

昔は「卓球は技術が一番大事」と思っていた。技術があってこそ卓球は勝てると思っていた。ところが、自分のレベルが上がり、同じレベル同士で戦う時に、「勝負を分けるのは技術じゃなくて、メンタルだ」ということに気づいた。

たとえば2014年度（平成26年度）の全日本選手権で、負けそうになった笠原弘光戦（協和発酵キリン）。1－3（7ゲームスマッチ）とリードされていて後がない状況から逆転して勝利した。相手はリードしていて、試合中に「ここは効いているから、これを続けよう」と思ったはずだ。それも正解だと思うけれど、強い選手には同じ手は何度も効かない。たとえリードしていても戦術というものは次の相手の出方を読んで変えるべきなのだ。

この例は、日本の指導者のベンチコーチでも同じことが言えるし、一番悪い部分だと思う。中国であれば、展開が悪くならない限りは、相手の弱点を徹底して攻めてくる。たとえリードして勝っていても、相手の弱点を見つけたら、それまでのパターンを変えて、弱い部分を徹底して攻めるパターンに変える。

また、中国は最初に弱点を突いて、それが効かなくなってきたら次の手、というように、その段階での最善の策を貫いてくる。

日本の場合は、「ゲームを取った」「ゲームを落とした」というゲームの勝ち負けで、ベンチにいるコーチが判断をしてしまうケースが多い。だから日本選手は逆転負けが多いし、格下に負けるのもそういった理由だと思う。

5ゲームスマッチを2−0でリードした3ゲーム目、もしくは7ゲームスマッチで3−0でリードした4ゲーム目、その状況でほとんどの場合、「いいぞ。そのままでいいぞ」と言う。しかし、実はその言葉がけはそのゲームを捨てているようなものだということに気づいてほしい。2−0、もしくは3−0から逆転される時は、「このまま同じように戦えば勝てるだろう」という心の隙《すき》を突かれて負けるパターンなのだ。

相手はリードされているのだから、当然何かを変えてくる。こちらのやることは完全に読まれてバレているのに、同じ戦い方をして、次のゲームを落とすことが多い。私自身も同じようにアドバイスをそのまま聞き入れて、失敗した経験はある。だけど今は「そうじゃないでしょ」と考えている。リードしている時こそ相手の次の一手を読んで、先回りして戦術を変えていくことが必要である。

リードしている時こそ、先取りしたコース取り、サービスの配球のアドバイスが必要だ

もし自分がベンチでアドバイスする立場だったら、そのゲームで何が良かったかを伝える。戦術的なアドバイスであり、基本的には「コース取り」のことを伝える。

中国のコーチ、たとえば張継科《チャン・ジィカ》の担当コーチ（肖戦《シャオ・ジャン》）の場合は、「このコースには絶対打つな」「このレシーブは絶対にするな」「ここに来たらストレートに打て」といったアドバイスをする。基本的にはコース取りのアドバイスが多い。同時に、サービスの配球についてもアドバイスをする。

日本のコーチだと勝っている時は何も言わず、負けている時にアドバイスを送ることが多い。でもそれでは手遅れだ。前述したようにリードしている時でも、「相手が対応してきている」ということを見抜かなければならない。

「点数を取った、取られた」ではなくて、ゲームの流れや相手の意図を見抜くことが重要だと思う。「ここが効かなくなってきている」とか、「相手はここを攻めてくる」「このコースが効いている」「次のゲームではこれをしよう」と先を読んでアドバイスしなければならない。

五輪チャンピオンの張継科と許昕にアドバイスを与える中国の肖戦コーチ（左）

コーチは「熱い応援者」ではなく、「冷静な分析者」でなければいけない

ゲームの中で、コース取りやサービスの配球、何が効果的なのか、自分の得点や失点などのことを選手は覚えているはずだと思うかもしれない。

それは違う。試合中の選手は興奮していて、冷静に考えられなくなる時がある。今プレーしているゲームの序盤、中盤などの得失点のことはもちろん覚えているけど、2ゲーム、3ゲームと進んでいくと前のゲームの内容や、どういう技術や戦術で点を取ったかを忘れることが多い。

つまり選手というのは興奮状態で戦っている。そのゲームでの流れは感覚として覚えているものだが、その試合の1ゲーム目で何が効いていたのか、どのボールを自分が失点したのか、などを覚えていないことが多い。私自身、努めて冷静に試合をするほうだと思う。試合中にガッツポーズを連発したり、大声で吠《ほ》えたりしない。大声を出して得点が2倍になるならやってもいいが、卓球でそれはない。大切なのは冷静に相手を観察しながらプレーすることだ。それでもゲームの流れを忘れている部分が多い。

ゲーム分析や戦術を考えるのはコーチの仕事だと思っている。役割分担として、選手は次の一本を取ることに全精力を注ぐ。コーチは1ゲーム目の0－0からのポイントの取り方を分析して、選手が忘

2015年世界選手権での邱建新コーチ

れかけていることを伝えるのが仕事だ。

私のプライベートコーチである邱建新さんもよく言うけれど、日本のコーチはベンチで一生懸命に手を叩いていたり、応援に熱くなっていることが多い。

コーチは試合の戦況を見て、先を読まなければならないのに、選手と一緒になって声を出したり応援している。コーチは冷静にゲームを分析をして選手に適切な戦術をアドバイスするのが仕事で、一生懸命手を叩いて応援することは卓球を知らない友だちでもできることだ。

コーチは「熱い応援者」ではなく、「冷静な分析者」でなければいけない。

「Aのレシーブが来たらこうするぞ。でもBが来るかも」アドバイスに保険はいらない

邱建新さんは大事な場面以外では応援はしない。冷静に戦況を見つめている。選手が興奮して、戦術を考えられない時は、コーチがサポートしてあげなければならないからだ。ただ練習中に教えるだけではなくて、ベンチに入ってからの分析だったり、ゲームの流れを予測して選手に伝えたり、コーチのすべき仕事は本当に多いと思う。

日本人のコーチは「自分のせいで負けた」と言われるのが嫌なのかもしれない。あまり思い切りの良いアドバイスはもらったことがない。でも邱さんは思い切りが良く、勝負に徹したアドバイスをしてくれる。

私自身一番嫌いなのは、勝敗を分けるような大事な場面でタイムアウトを取った時に、「このサービスで、相手がAのレシーブをしてきたらこうしよう。でもBのレシーブがくるかもしれないからな」というような、はっきりしないアドバイスだ。日本人コーチはこういうアドバイスをする人がとても多いように感じる。みんな自分のアドバイスに保険をかけたがるのだ。

2014年世界選手権東京大会で馬龍に指示を出す劉国梁監督

しかし、選手というのは背中を押してほしいと思っている。迷っている自分の背中を押してほしいと思ってベンチに戻るのに、そこでコーチが迷っていたらどうすればよいのだろう。

仮にコーチの決断が間違っていたとしても、はっきりとしたアドバイスがほしい。勝負だから得点する時もあれば、失点する時もある。もっとも良くないのは「選手が迷ってしまう」こと。迷いながらコートに入ってその後の展開がうまくいったことはない。選手の迷いを断ち切るような心強いアドバイスがほしいのだ。それで得点されたら相手のほうが良かったと思うしかない。

相手がどうこうではなく、自分が何をすべきかというアドバイスを必要としている

私は今ロシアリーグでプレーしているが、チームのコーチであるプリモラッツ（元世界3位）コーチは、競り合った場面で「相手はこれをしてくるぞ」と決め込んでアドバイスをする。それで実際は相手が違うことをしてきて喧嘩《けんか》になることもある。

日本の指導者のような保険をかけた不明瞭なアドバイスや、プリモラッツのように「相手がこうしてくる」という先入観で決めつけすぎてしまうパターンがあるので、私の場合は、何がベストのアドバイスか、自分はどんなアドバイスを求めていて、邱さんはどんなアドバイスをしたいのかを彼と話し合っている。

ひとつの結論として、「相手がどうこうではなく、自分が何をすべきか」ということをアドバイスしてもらうようにしている。相手が強くなればなるほど、レベルが上がれば上がるほど、相手は戦術の引き出しが多くなるし、対応能力の高い人と対戦することになる。

そのレベルでは相手の心理を読むのは難しいので、自分がどうやって相手の弱点を突いていくべきか、そういうアドバイスが必要になるのだ。必要とするアドバイスは人それぞれで違うと思うけれど、私の場合は「自分が何をしたら良いか」というアドバイスのほうに価値を感じている。

コーチのマリオには「自分が練習相手だと思うな。厳しいボールを送りなさい」と言われ続けた

卓球を始めた小学生の時には主に親がコーチだったが、浜松にあるヤマハクラブに練習に行かせてもらっている時には今福護さんという方が教えてくれた。小さい頃は、一方的に教わるだけだった。まだ小さくて、何となく練習をしていたから自分から質問を発するような子どもではなかった。

中学2年の時に青森山田中に転校してからは吉田安夫先生とマリオ・アミズィッチ（元ナショナルチームコーチ）に指導を受けた。吉田先生には、練習中によく「台から下がるな」と言われたけど、それ以外であまり注意された記憶はない。

ドイツに行ってからはマリオがコーチだった。彼は練習中に繰り返し細かく注意をしてくるタイプだ。練習中に「また同じこと言われた」と思うのも悔しいので、「もう絶対言われないようにしてやる」と練習中に気をつけた。そうやって意識していてもまた言われてしまう。

今思えば、それが良かったのかもしれない。年上の人が相手だと積極的にいけない時もある。そういう時にマリオからは「守ってるだけじゃ勝てないから積極的に攻めるように」「もっと積極的に、カ

ウンターをしろ」と言われた。

今から10年以上前、私がドイツに行っていた頃は、日本的な考え方として、「練習をする人」と「練習相手をする人」を区別して、練習相手があまり厳しいボールで返さないという習慣があった。

ところがマリオには「自分が練習相手だと思うな。厳しいボールを送りなさい」と言われ続けて、練習者と練習相手の区別がないことが自分の意識の中に刷《す》り込まれていった。それによって、練習でコートに立ってしまえばお互いが平等という考え方になっていった。この意識付けはとても重要なことで、現在自分が練習を行ううえでも気をつけていることだ。

振り返ってみれば、ジュニア時代に練習中に口を酸《す》っぱくして言われたことは今でも覚えている。言われた時には「また言われたよ」とうんざりすることもあるのだが、その指摘を意識しながら練習しているうちに、無意識に言われたことができるようになっていく。

それが蓄積され、のちにシニア選手になった時にも身体に刷り込まれているのかもしれない。ジュニア選手へのアドバイスというものはつくづく重要だと思う。

第5章

卓球は予測の集合体である

予測は、試合全体の分析、相手の心理分析、相手の打法や癖の分析、というような総合的な判断から導かれる行動である。

強い人は予測がうまい。
チャンピオンになる人は予測能力に長けた人である

「完全なる予測」を身につける。ヤマを張り、リスクを冒す攻撃が当たり前になる時

中国は技術から環境に至るまで、すべてが優れているし、憧れる気持ちもある。あれだけ自分と同じレベルの選手がたくさんいれば、切磋琢磨して強くなれるだろう。今の日本は、合宿にもフルメンバーが集まらなかったり、各自が海外リーグでプレーしていたり、私の場合は母体チームもなく練習するにも苦労する状態だから、中国の環境がうらやましいとも思う。

だからといって諦《あきら》めるわけにはいかない。中国を越えるためには誰もやっていないことをどんどんやっていく。今までと同じようなやり方では、今までと同じように中国に負けて終わってしまう。中国がまだやっていないような技術にチャレンジして勝負しなければいけない。

自分の卓球を考えた時に、さらに上に行くためには「ヤマを張る」ことが必要だろう。試合の中で、現在は7対3くらいでヤマを張っているのを、9割、10割くらいでヤマを張れるようにしたい。9割、10割で予測することはすでに「ヤマ」とは言えないかもしれないが、それは一《いち》か八《ばち》かの攻めではない。リスクを冒《おか》して攻撃しているように見えて、それが9割、10割の確率で入れば、「完全なる予測」とも

言える。

そういう攻めができるのであれば格上に対しても、格下に対しても、アグレッシブに攻めていくことができる。今までの試合では1試合に2、3本できていたかもしれないが、それを1ゲームに数本できるようにしていきたい。

また、攻撃だけでなく、守りでももっとヤマを張ってカウンターを狙っていかないと、格上の選手には勝てないだろう。

1月の全日本選手権が終わって、これまでの試合のことを考えた時に、足りない部分は「ヤマを張る」ことだと確信した。全日本でも、ヤマを張ることができていたら、もっと楽に勝てたなと思う試合はたくさんある。失ったポイントの多くは、思い切れずに中途半端に攻めてしまったボールだった。

海外リーグや全日本選手権以外の大会で負けても何とも思わないけれど、全日本選手権だけは特別だ。そこに向けて調整し、ベストの状態で臨み、賭けているからこそ負けた時の悔しさも大きい。

全日本選手権は負けたくない。日本のトップとしてではなく、世界のトップ選手としての意地とプライドに懸けて、みんながそこに挑戦してくる試合で跳ね返したい。そのためには、さらにアグレッシブに、リスクを冒してでも攻める気持ちを持ち続けたい。

私が日本で勝つべき人間だという意地はある。それが大きなモチベーションであり、大きな力になっている。

卓球は予測の集合体である。予測のうまい人がチャンピオンになれる

卓球は「予測の集合体」の競技と言ってもよい。

自分が100％意図して作り出すのはサービスという技術しかない。あとはレシーブでもラリーでも相手のボールを予測しなければいけない。

相手の打ち方によって、「どのコースに飛んでくるのか」「回転の種類（下回転・上回転・左右横回転・無回転）はどういうものか」「どのくらいのスピードで飛んでくるのか」「どのくらいのバウンドをするのか」「ボールはどの辺に落ちるのか。深いボールか浅いボールか」などの様々なことを瞬時に判断しなければいけないのだ。

予測は、試合全体の分析、対峙《たいじ》する相手の心理分析、相手の打法や癖の分析、というような総合的な判断から導かれる行動である。

「相手の癖」は性格を加味しながら読み解く。つまり、「この選手の性格ならこの場面では安全なボールを打ってくる」というように特有の癖や心理を読むのだ。これも「予測の集合体」の一部である。

また、台の弾みによっても予測は変わる。弾む台なら相手のサービスがワンバウンドで出てくるから狙うとか、ボールが止まる台なら相手のサービスは短く来ることが多いから小さいサービスを待つ

測を立てる。

という予測だ。さらに、「このメーカーの卓球台はこういうボールが来ると弾みがこうなる」という予

点数の状況によっても予測は変える。競っている状況なのか、ラブオールなのか、リードされている状況なのか、リードしている状況なのか。この局面、試合の流れでこの相手はどう動くのか、何をやってくるのか。この点数では1本目はロングサービスを出してくるとか、相手の癖を読んでいく。

過去にその相手と対戦したことがあるのなら、前回の試合を思い出してみる。そのデータによって相手の癖や得点源、弱点を頭の中にインプットする。

初めての相手だとしても、その相手の前の試合などを見ていればある程度の癖や傾向というのは読めてくる。この選手はこういうサービスが多いとか、競った時にはサービスが台から出るとか。低いボールをしっかりつないでくるタイプなのか、ハイリスクでも強く打つタイプなのか。相手から打たれた時にもカウンターを狙うタイプなのか、それとも確実に入れてくるタイプなのか。チェックポイントは数多くある。競った時に大事に「ボールを置き」に来るのか、それとも思い切って今までと違ったプレーをしてくるのかという予測が次々と頭の中を駆け巡っていく。

競り合いになればなるほど、大きな舞台になればなるほど、その選手の特徴や本性が出てくる。また、試合をやりながらも相手の癖や傾向はつかむことができるので、「さっきはこの場面でこういうサービスを出してきたな」という分析をして、次を予測していく。

さらに性格はしぐさや顔の表情に出るので、初めて試合をする相手のしぐさを注視する。チャンス

ボールの時に思い切って攻めてくるタイプなのか、それともコースを考えて柔らかく打ってくるタイプなのかを分析すると、その選手の性格を知ることができる。

強い人は予測がうまい。チャンピオンになる人は予測能力に長けた人である。

試合中に相手を注視し、観察する筆者

相手の読みを外すコース取りは「ストレート」。相手が打球点を落としたらクロスで待つ

相手の予測を外《はず》す卓球のコース取りは、基本はストレートコースへ打つことだ。なぜならば、クロスはもっとも安全なコースなので、相手はそこを待っている。だからストレートを狙う。クロスでヤマを張るのが普通で、最初からストレートを待つ相手はいないのだから、打つほうはどのタイミングでストレートに打つのかを図っていけばよい。

打球点を落とせば落とすほど返球は難しくなるから、そういう時にあえてストレートを狙う。これも相手の待ちの外し方だ。難しいボールほど相手はクロスを待つから、そういう時にストレートを狙うと有効だ。

さらに相手の打球点によって自分の動きを変えなければいけない。相手が台より低い位置まで打球点を落としたら、その瞬間に速いストレートボールはなくなるから、クロスで待って先に動く。そして、次を「攻める」姿勢で待つことになる。

逆に考えれば、自分の打球点がネットより下がった瞬間に相手はクロス方向に動くから、そのタイ

ミングでストレートに打つと得点率は高まる。

自分の返球が浮いてしまってネットより上がったボールは、どこにでも打たれてしまう。この場合は台全体をケアしなければいけない。そういう時には基本は「守る」姿勢になる。また台上の高い打球点で打たれる場合は「ミドル」を攻められることを想定して、ミドルを待つ。これは守りの時の予測だ。

相手の打球を受けるのであれば相手の攻撃を予測することが大事になるし、自分が攻めるほうであれば相手の予測をいかに外していくのかが大切になる。

攻める時にはどうしてもクロスを待たれるので、ストレートに攻めたり、ミドルを突く。ただストレート攻めというのはリスキーな面もある。距離が短い分、ストレートへ打つのはクロスよりも難しい。私(左利き)がストレートを突くのは、フォアストレートで右利きのフォアを狙うことが多いのだが、もしこのコースを待たれるとカウンターを食らい、一気にラリーは不利になってしまう。

フォアからクロスを狙って右利きのバックを詰めていく展開は、安全策でありラリーに持って行ける。思い切ってストレートで相手のフォアを狙うコースはミスも多くなるし、カウンターを狙われる危険性もある。ただ競り合いになってこのコースを打てれば大体は決まると言ってよい。

＊打球点＝ボールを打球する位置。卓球台のネットの高さは15・25㎝あり、その高さより上で打球すれば直線的に打ち込むことができる。しかし、ネットの高さより低い位置で打球する場合はボールに回転をかけて相手コートに入れていく

足の速い人が速く動けるとは限らない。予測と反応が良ければボールのところに早く到達できるはずだ

強い選手ほど反応できる領域が広い。普段、集中した練習を繰り返していればこの領域は広がっていく。卓球において速く動ける人は、速く動くための身体を持っているが、それだけが条件ではない。足が速いから、筋力があるから速く動けるかというと実はそうではない。

いかに練習で正しい反応を身につけ、その反応できる領域を広げていくかが大切なのだ。いくら脚力を持っていても、神経が反応しなければ足は動かない。脚力がなくても、予測が優れていたり、反応が良ければボールのところに一瞬速く動けるのだ。卓球では、小学生や中学生が一般の大人に勝つことがある。脚力がなくても反応に優れた選手が相手を上回る例だ。

反応することは習慣である。たとえば、練習で自分のバック対相手の3分の2面という練習をする。一見、相手の練習のように見えるが、この練習でも私は台の3分の2面をケアしている。つまり、相手のボールが外れて、自分のフォアに来たとしてもそのボールに反応して返す自信があるし、練習の時は常にそういう意識を持っている。

また、「この回転のボールはこう返したほうが良い」という感覚も身についている。練習をやっていく中で、その感覚を若い時に身につける人と、年齢を重ねながら身につける人がいるように思う。若いうちに身につけたら、あとはそれほど練習をこなさなくても感覚を失うことはあまりない。ところが、その感覚が身についていない場合、ある一定の練習を積んでいく必要がある。その感覚は、回転の理解であり、ボールへの反応を示すものだ。

たとえば、一流選手というのはどんな回転のボールに対しても、「こうやって返せば相手コートに入る」という感覚を持っている。ところが、初心者というのは経験がないから初めて見るような回転のボールが来ると返球することができない。

まずはどんな回転のボールでも相手コートに入れる感覚を身につけること。それは練習をやりながら様々な回転のボールを打つしかない。その感覚を身につけるまでは経験と練習量が必要になる。そしてその感覚が身についたら練習量を求めるのではなく、より反応を磨くような練習を重ねていく。それが質の高い練習と言える。

第6章

外へ飛び出す勇気

不自由な環境を経験することが
精神面を強くする。

ANA
WASURENAI 3.11

自分の頭で限界を作るな。
何かを変えていけば自分のポテンシャルは広がり、
その広がったポテンシャルを
自分の努力で開花させればよい

世界へ飛び込んでいかない日本選手。型にはめたり、全体主義的なやり方は好きではない

今の日本選手に足りないものは何だろう。

それは世界のトップレベルにいる選手や、そのトップクラスの空気を知らないことだ。日本のトップクラスでも、世界基準で考えるとあまい環境にいると言える。

私は、馬琳《マ・リン》（中国）、馬龍《マ・ロン》（中国）、ティモ・ボル（ドイツ）と同じチームでプレーした経験があって、その時に世界のトップの選手と間近で接することができて、そこで「こうすれば強くなれる」というものを感じることができた。

ところが他の日本選手は世界のトップ選手と一緒にプレーした経験がない。だから「世界のトップ」というものがわからないし、そこに飛び込んでいこうとしない。世界ランキングでも、10位以内と10位以下では意識や考え方に大きな壁があり、そこを越えることによって大きく変わってくる。

もちろん日本は好きだけれど、私自身、日本の型にはめるやり方や、全体主義的なやり方は好きではない。

日本に長くいると、日本に慣れてしまってハングリーさがなくなり、海外に行ったほうが良い環境の中で生活できる。海外に行くと、練習場所が確保され、練習相手もいる。卓球以外の余計なものは何もないために、卓球だけに集中できる。食生活でも必要なものしか摂取しない。さらに海外で単身でやることによって、「オレはひとりでやっているんだぞ」という自信が出てきて、強くなることを再確認して、新たに決意することができる。

他の人が楽しんでいるような時にも、「オレはそんなおまえたちとは違う。オレはひとりで挑んでいるんだ」という強い気持ちになれる。ところが、日本に長くいると、自分も「楽しんでいる人たち側」にいて、ハングリーさに欠ける状態になる。強くなることを考えるならば、海外でもっと練習したいと思う。また、日本にいる時でも、もっと充実した生活と練習ができるような環境を作っていきたいものだ。

海外というある種不自由な環境が自分を大きく育てる

ひとつの大会で無敗のまま勝ち残るのはひとり。優勝者だけだ。

2016年1月の全日本選手権大会では男子シングルスに249人が参加した。そこで私は8度目の優勝を果たしたが、248人の選手は負けたことになる。その下には全日本選手権の各都道府県の予選会があり、県大会や市町村の大会が、ピラミッドの底辺の部分にあたる。

全日本選手権で優勝するのは、そのピラミッドの頂点に立つことを意味する。その頂点に立つことは誇りにすべきことだけれども満足はしない。だから、初優勝の時も7回目の優勝の時にも「獲るべくして獲ったタイトル」と思っていた。それほど、自分の持つポテンシャル（潜在力）に自信を持っていたし、濃密な練習をしたという自負があった。

ところが、8回目の優勝の時には不安しかなかった。大会前に腰を傷めたり、試合で使うラバーが決まらなかったりしたために、一番難しいと思っていた。優勝したのは奇跡だ。決勝（張一博戦）だけは自信はあったけれど、大会前はまさか優勝できると思っていなかった。

思い返せば、中学2年でドイツに行き、海外リーグを経験し、全日本選手権ではジュニアで優勝して、一般でもランク入りすることができた。その時、中学生ながら「いずれオレがテッペンを取るぞ」

という挑戦するメンタルを持ち、自分のポテンシャルに自信を持っていた。

ドイツに行った時は、「このまま日本にいたら自分の才能はつぶれてしまう、日本で埋もれてしまう」という思いが強かった。だから、海の向こうのドイツに行こうと決めた。

それは中学生の時に単純に「挑戦しなきゃいけない」と思っていたからだ。当時は、子どもながらに海外リーグに挑戦するのは単純にはかっこよく見えたのだ。人ができないことに挑むのはかっこいい。他人ができないことをやりたいという向上心が、大きな支えになっていた。

しかし、実際に行ってみると想像していたよりも大変なことが多いものだ。でも、それも覚悟のうえでドイツに行ったのだから、「どうだった?」と聞かれたら「大変だった、辛かった」と答えるし、「行ってどうだった?」と聞かれれば、「行って良かった」と答える。

まず一番に良かったのは卓球が強くなれたことであり、自分の知らない世界を見られたことだ。加えて、海外生活で視野が非常に広がった。卓球選手としての視野も、人間としての視野もとても広がったと思う。海外に行ってみて自分はなんて狭い世界にいたんだろうと痛感した。言葉の問題も含めて、生活面では苦労が多かった。それでも、不自由な環境を経験することが精神面を強くする。

今、ロシアに行ってリーグでプレーするのもかっこいいと思っている。もちろんそれは恥ずかしいから誰かに言うわけではない。自分自身に対してそう思うだけだ。自分の中で、「水谷隼はかっこいいな」と思えればそれでいい。

ロシアリーグに行くのも、日本人ではほとんど前例がないから、強くなる保証はない。でも行くこ

ロシアリーグでプレーする筆者

とが自分の中でかっこ良くて、行けば何とかなるだろうと思っていた。

どういう環境にいても、自分は満足しないだろうと思う。今よりは良いだろうと思って、いつも新しい環境に飛び込んで行く。自分の練習する場がないから、環境の面で言えば、日本にいることが一番良くないかもしれない。だからこそ海外の地でプレーをして、未知の体験をすることによって自分を大きくしていきたいと思う。

自分の頭で限界を作るな。何かを変えていけば自分のポテンシャルは広がり、その広がったポテンシャルを自分の努力で開花させればよい。

日本の卓球界にとっては「プロリーグ設立」は最優先事項。しかし本気度が見えない

なぜロシアリーグでプレーするのか。

プロフェッショナルとして日本で稼《かせ》ぐ場がないから、海外のプロリーグと契約する。そして、ロシアでは試合が多くできる。日本での試合では相手のレベルは低いし、現時点では試合数が圧倒的に少ない。つまり、プロが活躍できる場がないのだ。海外のプロリーグに所属すればレベルの高い選手と毎回試合をすることができる。

日本にプロリーグがあるのなら、日本のトップ選手は海外には行かないだろう。そういう場がないから、日本の卓球選手は20名以上のトップ選手が海外に行くようになっている。現時点では、日本の多くの選手が海外に行き、日本のレベルが確実にアップしているのも事実だ。本当に強くなろうと思ったら海外の強い選手と練習や試合をしたほうが自分のためになる。そこから学ぶところが多い。

現時点で、日本にプロリーグができたとしても、それで環境が改善され、日本選手が海外に行く必要がなくなるかどうかはわからない。

海外でのプレーでのマイナスは移動時間だ。私の場合、1年に換算したら2カ月分の時間を移動に使っている感じだ。試合が多いのは良い面もあるが、移動と試合ばかりだと、試合のための調整がメインになり、調整なのか強化練習なのか、どこに絞っていいのかわからなくなる時がある。練習をやり込む時期が減る可能性もある。

日本の卓球界にとっては「プロリーグ設立」は最優先事項だと思う。そのプロチームでまとまってフルタイムで練習ができ、定期的に試合ができる。そういう練習環境、試合環境のプラス面はあるし、日本にプロリーグがあれば、自分の家族やサポーターの人が応援に駆けつけてくれるメリットもある。プロ選手としては報酬の多いクラブでプレーするのは当たり前で、もし日本のクラブがそれに近い報酬を出せるのであれば、日本でプレーする可能性もある。ただし、現時点で日本卓球協会からプロリーグを設立する本気度が見えないのは残念な点だ。

プロリーグの構想は数年前から聞いているが、待ちくたびれた。なぜ日本にはプロリーグができないのだろう。世界で2位、3位だと言っても、プロリーグがない国で今後卓球が強くなっていくのだろうか。

第7章

用具に妥協なし

自分が変化していけば、
用具もそれに合ったものを選ぶべきだろう。

BUTTERFLY
ADVISORY STAFF
1950
鈴木
W12 Wiz Co.,Ltd.
フリーデー

自分の体重、筋力、プレースタイル、
もしくはその会場の温度や湿気で
用具は変わったり、調整していくものだ

用具を変えることで、それまでできなかったことができるようになることもある

卓球ほど繊細な用具を使いながら至近距離で打ち合う競技があるのだろうか。ラバー、ラケットの種類は数多くあり、選手たちは相当に神経を遣う。

私は、壁にぶち当たった時、試合で負けが続いた時、ある技術がうまくいかない時に用具を変えてみることがある。他の選手からすれば、些細《ささい》な変更であっても、変えることによって今までできなかったことができるようになることもあるのだ。

自分がさらに強くなり、成長していくために用具を変えるのだが、実際に変えてみると可能性が広がり、楽しい気持ちになる。それは追い込まれた時、煮詰まった時の気分転換にもなる。

卓球のようなラケットスポーツ、道具を用いるスポーツにとって、用具はとても重要なものだ。気にしすぎたり、必要以上にナーバスになってはいけないが、トップ選手になると１㎜、１ｇの違いを感覚や肌で感じてしまう。また、絶好調の時に使っていた用具が永遠に良いのか、最適なのかというとそうではない。

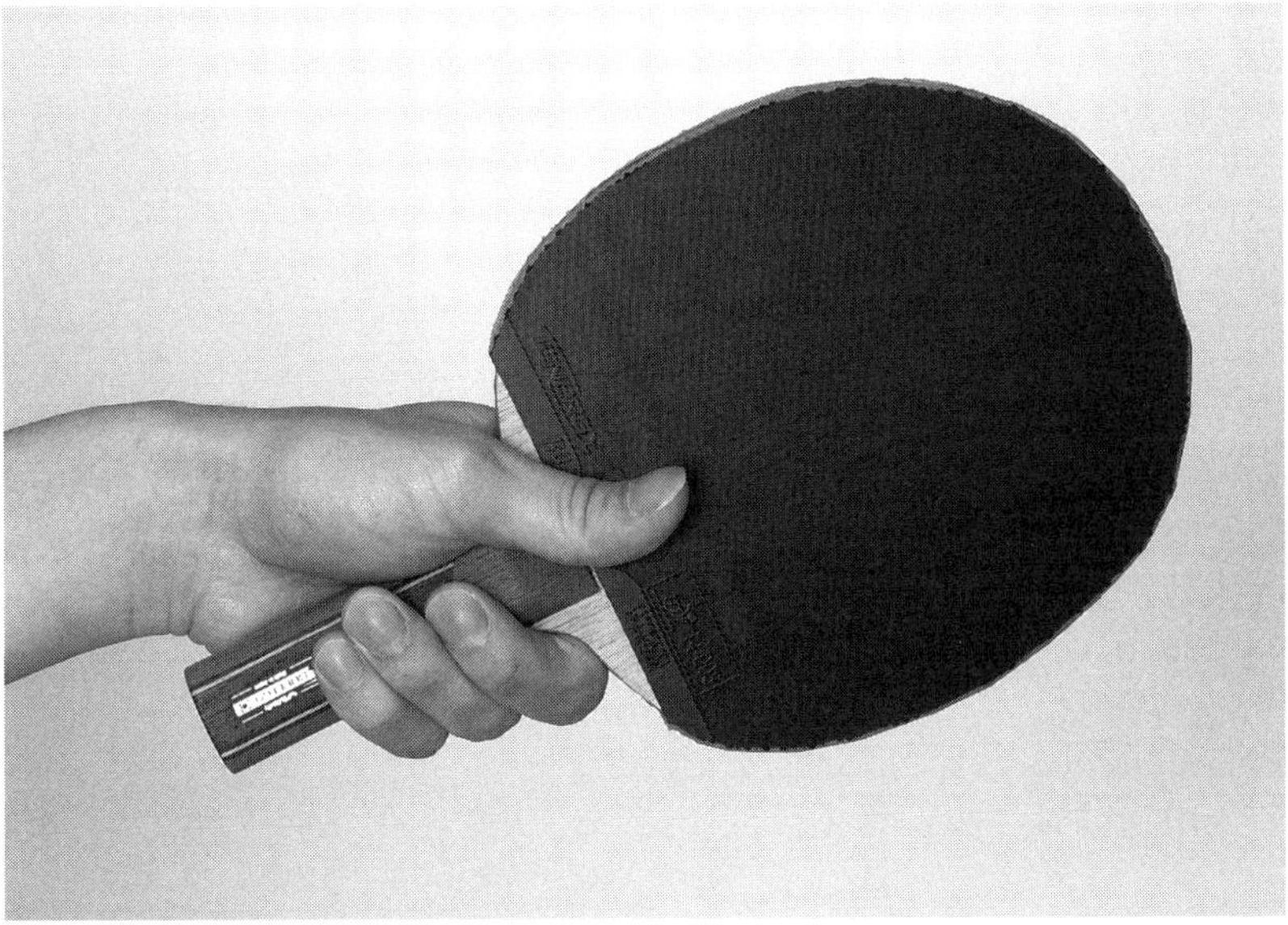
筆者の使用するラケットとフォアのグリップ（握り）

私自身、5年前、10年前の用具と今の用具では違う。自分の体重、筋力、プレースタイル、もしくはその会場の温度や湿気で用具は変わったり、調整していくものだ。

用具が自分の感覚にしっくり来た時にはプレーをしていても楽しいし、自分の可能性が広がっていく感覚を持つことができる。

＊ラバー＝卓球では選手たちは木材などからなるラケットとゴムから作るラバーを別々に貼る。ラバーはスポンジの部分とゴムシートを貼り合わせて作られ、厚さの制限（４㎜）もある
＊ラケット＝ラケットは85％以上が木材でなければいけないというルールがある

16年1月の全日本選手権では最後までラバーの硬さが決まらなかった

2015年度（平成27年度）の全日本選手権大会（16年1月）では、最終的に試合で使うラバーの硬さが決まっていなかった。私は『テナジー80』というラバーを両面に貼っているのだが、大事な大会の直前、12月になっても硬さが決まっていなかった。前述したように、その時の戦術やプレーの方向性などによってラバー、ラケットは変わるものだ。同じ『テナジー80』というラバーでも、硬さのバラつきはあるので、その中から自分に合った硬さのものを選ぶようにしている。

年末年始は製造メーカーのタマス社も休みだったために、大会前に調整するラバーが余分にない状態だった。最近までずっと硬めのラバーでやっていたけれど、硬すぎてしっくりいかなくて、軟らかいものにしたかった。ところが手元には軟らかいものが1枚しかなくて、ずっとそれを使っていたのだが、それは軟らかすぎた。本当はその中間の硬さのものが良かった。

年が明けた2016年1月7日にタマスの工場に行って、硬めのラバーと軟らかめのラバーを選んだ。そして、ついでにロシアリーグでラケットが破損したために、その修理をお願いした。大会がスタートするのは1月11日で、私の試合は14日から始まり、決勝のある最終日は17日だった。

ラバーは12日の午後の練習で軟らかいものを使っていたけれど、13日夜に硬めのものに変えた。そのラバー1枚で14日から始まる4日間を乗り切ろうとしたが無理だった。本当は新品のラバーではなくて貼り替えて2日目のラバーがもっとも良い。ところが、15日の試合が終わった時点でラバーの表面が擦《す》れていた。

これで残りの2日間を戦い抜くのは、無理なことがわかった。トップ選手は新品のラバーを貼っても、試合では何日ももたない。それはインパクトが強く、同じ部分で打球するために、使っているうちに同じ部分が摩耗し、打った時に違和感を覚えたり、思わぬミスをしてしまうからだ。選手によっては全日本選手権クラスの試合ではラバーを毎日貼り替える人もいるし、3日も4日も使い続ける人もいる。私の場合、本当は2日目のラバーだった。

4日間使い続けるのは難しく、16日の時点ではラバーが消耗しすぎて、これではだめだと思ったので、その日の夜に新しいラバーに替えた。過去の全日本で最終日にラバーを替えたことは1回もなかったのに、今回は替えた。危険ではあるけれど仕方なかった。妥協して用具を使っても、集中してプレーできない。その時点でのベストの用具を使うことを心がけていくしかない。

＊『テナジー』＝筆者が使用しているバタフライブランドのラバー。多くのトップ選手が愛用している。ちなみにラケットはZLカーボンを木材の中に入れている『水谷隼スーパーZLC』（特注）モデルだ

格下に負ける可能性があるとしても中国選手に勝つ可能性を高めるために用具を変える

調子の悪い時には練習しても感覚が良くならない。そういう時にはイメージトレーニングをしても良くならない。原因がよくわからないけど感覚が戻らない時がある。14年秋にセルロイドボールからプラスチックボールに変わった時や、15年5月の世界選手権蘇州大会が終わった後もそういう感覚に陥った。

ひとつの原因として、用具と技術がかみ合わなかったためだろう。試合で勝つためにはある技術が必要になる。ところがその技術を使うためには用具を変えなくてはいけないことがある。でも実際に用具を変えたら自分の他の良い部分が消えてしまう。それを繰り返しながらドツボにはまっていくこともある。

用具を変えて、格下に負ける可能性もあるが、私は中国選手を想定して変えた。それまでは『テナジー64』を使っていたが、軟らかめのラバーのために回転量の多いボールを打つ中国選手と対戦するとブロックしかできなかった。カウンターをするとボールがスリップしやすいからだ。硬いラバーだ

筆者が使用しているラバー『テナジー80』

とブロックの精度は落ちるが、カウンターがやりやすくなるので、『テナジー80』に変えた。

負けた時に用具のせいにはしたくないけれど、用具をおろそかにしている人で強い人はいない。世界のトップクラスというのは、用具を研究して、自分に合った用具を探している。だから、トップクラスの選手で結構用具を変える人もいるし、いったん「これだ」と思うとずっと変えない選手も多い。

用具を完璧な状態にして自分への言い訳を作らない

調子が悪い時、もがいている時に、その原因を考えてみると、私の場合は用具と身体の状態が関係する。調子が悪い時、試合で勝てない時には用具がしっくり来ていないケースが多い。同じ用具であっても、自分の技術の成熟度、調子などで合わなくなる時があるのだ。そういう時には用具を替えてみると、一筋の光が見えることがある。

去年のある大会で好調だった。その時使っていた用具が、1年後の今も最適かと言ったらそうではない。それほど、用具もそれを使う自分の感覚も繊細なのである。自分が変化していけば、用具もそれに合ったものを選ぶべきだろう。

技術は急に変わることはない。自転車や車の運転と同じで、一度身につけた技術は、1カ月後、1年後にできなくなることはない。しかし、用具が今の自分にフィットしないと不安になるし、用具というのは身近な存在で、私の中ではもっとも重要なものである。

他の競技でもそうだと思うけれど、すべて自分が使う用具がいつも同じ状態というのはありえない。卓球のラバーやラケットで言えば、製造する時期や気温などいろいろな条件によって、同じように供給されるラバー、ラケットであっても微妙に違う。ラケットは木材でできているし、ラバーはゴムが原料となっている。つまり自然界のものから製造されているので、完璧に同じものはない。だからこそ卓球は面白く、だからこそ難しい。

ゴルフ、テニス、バドミントンなど道具を使うスポーツはあるが、卓球は打球面と手がもっとも近い。ということは用具の感触がもっともわかりやすく、パフォーマンスに直結するとも言える。繊細な用具を用いて、幅152・5㎝、長さ137㎝の相手コートに猛烈な回転とスピードのボールを打ち込む。それが卓球というスポーツだ。だからこそトップ選手は異常なまでに用具にこだわる。

もちろん、ラケット、ラバーだけでなく、卓球台の弾みやボールの質も気にする。トップ選手になればなるほど、普通の選手より、卓球台、ボール、用具の違いがわかってしまうために、私自身もそれに苦しむことが多い。

たとえば、卓球台はみな同じ板のように見えるかもしれないが、製造メーカーによって作り方や塗装が違うために、ボールの弾みなどが違うのだ。Aメーカーのものは上に弾むが、Bメーカーはボールが沈むということもあるし、ボールも製造基準があったとしても、やはりメーカーによってボールの質やバウンドは微妙に違う。仮にバウンドが何㎜か自分の予想と違えば、ジャストミートはできない。しかもバウンドしてから打球するまで0・0何秒という一瞬で調整しなければいけない。

結局は自分の「慣れ」で解決するしかないが、それぞれのメーカーの台の弾み、ボールの性質を頭に入れておくことも重要なことであり、それによって戦術や打法を変えることもある。

用具を完璧な状態にしておくことは、自分の言い訳を作らないことかもしれない。もし自分が試合

ミリ単位で打球しているので、わずかな狂いによってスイートスポットを外しては強い打球はできない

で負けた時に用具が完璧でなかったら、「用具がフィットしないから負けた。オレは悪くない。用具のせいだ」と選手は考えてしまう。ベンチにいた人が違う敗因を示してくれても、選手というのはまず自分の握っていた用具にその理由を求めてしまうものだ。

ところが用具が完璧であれば、敗因を考える時には用具には向かずに戦術のことを考えることができる。負けても「次にどうすれば勝てるんだろう。どういう戦い方をすれば良いのだろう」と前向きになっていけるのだ。

第8章

負ける人は負ける
パターンを持っている

世界トップクラスになると、
「サービスが長く出る、イコール負け」なのだ。

BUTTERFLY
ADVISORY STAFF
フリーデン
Wiz Co.,Ltd.
TENERGY
beacon.LAB
やまと豚

勝者が勝利の法則を知っているように、
負ける人には、
負ける人の共通の思考方法と行動がある

4−1と7−4の重要性を認識せよ。負ける人は負けるパターンを持っている

勝者が勝利の法則を知っているように、負ける人には、負ける人の共通の思考方法と行動がある。試合の大事なポイント（局面）で点数が取れない人は負ける。大事なポイントというのは、4−1のあとの1本、7−4のあとの1本だ。

2−2とか3−3のあとの1本はそれほど重要ではない。ゲームの中で勝敗を分けるのは実は4−1、7−4というスコアだ。次の1本でタオルを取る。その時に4−2になるのか、5−1になるのか、もしくは7−5になるのか、8−4になるのかでは、試合の流れが完全に変わってしまう。

たとえば8−4になれば、自分はあと3点でそのゲームを取る、もしくは試合に勝てるが、相手はあと7本取らなければいけない。その場面（8−4）で4点差あるというのが非常に重要であり、4−0の4点差と、8−4の4点差では全く意味が違う。

もちろん10−6の4点差というのは決定的だ。8−4になればあと2本で10点で、ほぼ勝ちが見えてくるし、プレーに余裕が出てくるので、そこで思い切ったプレーができる。見せ球も使えるけど、もし7−5の2点差だと見せ球も使えないし、余裕はない。だからこそ7−4の時の1本はとても大事になる。

同様に4―1の時の1本を取るか取らないかでは、ゲーム序盤の流れが全く違うものになる。5―1になれば序盤でのスタートダッシュに成功したことになるし、余裕が持てる。4―2になると競り合いの様相を呈していく。タオルを取った時の心理的な余裕も異なる。

4―1、7―4というスコアは私自身がゲームの中で大事にしている局面だが、敗者に共通しているのは、この局面でポロッと簡単にミスをすることだ。単に「リードしているんだ」ととらえ、何も考えていないようなミスをして、4―2、7―5になって、相手に逆転されるパターンに陥る。

またサービス、レシーブが効果的で、良い感じで点数を取れていたのに、この4―1、7―4という局面になった途端に急にサービス、レシーブを変える選手がいる。効いているサービス、レシーブを変えるのは敗者の行動だ。

＊11点制＝卓球は11点制で、サービスは2本交替となる。10―10になったらジュースで、サービスは1本交替になる。12―10、13―11、14―12のように2点離したらゲームを取る。団体戦では3ゲーム先取の5ゲームスマッチで、シングルスは5ゲームスマッチと4ゲーム先取の7ゲームスマッチがある

＊タオリング＝卓球の試合では6本（双方の合計の点数）ごとにタオルを取って汗をふくことができる

競り合いでは長いサービスを狙え。負ける人は競った場面でサービスが長くなる

負ける人の試合での特徴は、競った時にサービスが台からワンバウンドで出ることだ。トップ同士の試合では試合の局面で狙ってロングサービスを出す場合もある。しかし、これはリスキーな戦術になる。トップ選手というのは、虚《きょ》を突いたロングサービスでないと、ワンバウンドで出るサービスは強打でレシーブから狙われてしまうからだ。

ところが、競った場面では9割くらいの確率でサービスが台からワンバウンドで出るため、相手にとってはチャンスボールになる。トップ選手同士では、短く出そうとしているのにもかかわらず、緊張して力が入ってしまってサービスが長くなるのは禁物《きんもつ》だ。必ずそのサービスは狙われて、試合の流れが悪くなっていく。私は、どんな場面でも短く出せるように意識しているし、練習をしている。

一方、私は競り合いになればなるほど長いサービスを待っている。たとえば、8－8の時の相手サービスは長く来ると予測し、それを狙っていって、得点すれば9－8。そこで次に相手は必ず「（相手コートに）入れにいく」ような安全な短いサービスを出してくるから、そのサービスも狙う。短く出そうとしたサービスが長くなり、相手に打たれて失点すると、心理的にもダメージが大きく2点分の失点をした気分になる。

２０１５年1月の全日本選手権で負けそうになった笠原弘光戦（協和発酵キリン）では慣れないニックボールで、横下回転でフォアの台上ギリギリでツーバウンドさせるサービスから攻めようとしたが、試合の出足からサービスがわずかに台からワンバウンドで出てしまい、相手にレシーブで先手を取られて劣勢になっていった。

そこで試合の途中からそのサービスを諦めて、ナックルのショートサービスに切り替えた。私の中では台から出てしまうのは最低のサービスで、それよりも台の中に入れるショートサービスが優先されるのだ。

世界的なレベルで戦う選手は必ず一度は壁にぶつかる。何度も痛い目に遭《あ》いながら、競り合いになるけれど自分より格上の選手に勝てない時期が続く。たとえば自分が世界ランキング１００位くらいで相手が50位の時や、自分が50位で相手が20位くらいの選手に対して競り合うけれど勝てないことがある。

「なぜなのか」と理由を探っていくと、サービスに行き当たる。

大事なところでサービスが長く出てしまって、相手に攻め込まれている。その時は分析しても自分では気づかない。「相手がオレのサービスを打ってきたな」とか、「うまく攻められなかった」という印象しか残らない。

ところが、格上の選手に負ける時というのは、競った場面だけでなく、短く出さなければいけないのに序盤からサービスが長く出てしまって不利なラリー展開になっていることがほとんどだ。世界のトップクラスになると、「サービスが長く出る、イコール負け」なのだ。トップ選手は大事なところでも確実に短く出してくる。

サービスが長く出ることに気づいたのは5年ほど前、世界ランキング20位くらいの時だった。その頃はサービスを打たれたとしても、ブロックすれば何とかなると思っていたのだが、実際にはブロックした展開からはなかなか得点できない。そういう展開が1ゲームに2本くらいあると試合では勝てない。

それを自分で気づいた頃に、今度は相手のサービスを注視してみた。すると、相手のサービスもワンバウンドで出ていることに気づいたのだ。そのサービスを狙っていくようになってから自分のレベルはワンランク上がっていった。

中国選手といえども、世界選手権とかオリンピックという大きな舞台になればなるほど、サービスの切れ味は落ちてくる。やはり長く出るのが怖いから必要以上に短く出そうとして、無意識のうちに切れ味が落ちているのだ。逆に言えば、切れ味を落としてでも短く出して先に攻めようとする。

設計図は技術の進歩、戦術の変化、そして年齢によって作り直していくことが必要だ

自分のプレースタイルの設計図を作るのは重要だが、その設計図は実は常に変化し、作り直していくことが大切だ。

昔はバックハンドの守備技術と言えば、ブロックしかなかったのに、今はカウンター攻撃もある。昔強かったのに今勝てなくなった選手は、その変化に対応していない人だろう。そういう人は自分のプレーが悪くなったと思い込んでいる。

常に卓球の技は変化していて、戦術も変化していくから、そこに追いついていかなくてはいけない。自分の得意な技術、プレースタイルがあったとしても時代に即した卓球というものが常にあるのだ。

もうひとつは、年齢による設計図の変更だ。20歳を過ぎた頃から、しっかり訓練しないと体が衰えていく。私も大学を卒業する22歳の頃から自分の体の変化を感じた。

22歳くらいになると、お酒の席に呼ばれるとか、未成年の時とは明らかに違う状況が出てくる。そういう時にいかに節制して、ストイックな生活を送れるかどうかが大きな鍵となる。

卓球に限らず日本のスポーツ選手は高校を卒業して、大学やプロになる時に、友だちや会社からのお誘いが多くなる。そこで流されてしまい、遊んでしまったり、お酒を飲む機会が多くなり、練習に集中できなくなるという状況が生まれる。それが20歳から22歳くらいで訪れる環境の変化だろう。

そして、25歳の頃には明らかに体力的な衰えを感じる。床を蹴る力、動きのスピード、とっさの時の体の反応などの変化を感じる。

私は26歳の今、相当に節制した生活を送っていると思っている。お酒もほとんど飲まない。たまに飲むことはあっても、次の日に残らないような飲み方をする。もしお酒を飲んだりすると、次の日に体が全然違うものになっている。

ロシアリーグに行って、チームメイトを見ても彼らにとって卓球は仕事なので、非常にストイックな生活をしている。日本のように飲み会が常態化すると選手寿命は短くなると思う。ヨーロッパの選手もパーティーの時には飲むかもしれないが、現役の選手はほとんど飲まない。日本のように、学生や会社の飲み会のような場面はない。

私自身、アスリートとして食事、睡眠、練習、フィジカルトレーニングを意識していくことで、体力は落ちずに少しずつ上がっている。一方、そこまで意識しない選手たちの体力は落ちていくのではないか。

今のような節制した生活をしていけば、30歳までは十分に良い状態でプレーできるだろう。ただし故障は怖い。予防していても、気にしている場所と違う箇所を傷めたりするから気をつけなければいい

ナショナルチームでのトレーニング風景

けない。

食事や身体の勉強は自分で行ったが、そういう知識を身につけることが選手寿命やパフォーマンスに関係すると思う。その部分での努力は、プロとしては企業努力のようなものだろう。それはプロ意識というよりも、アスリートとして他人より少しでも上に行きたいという気持ちが強いからだ。

強い選手はネットインやエッジボールが多い。それは偶然ではない

高校2年で全日本選手権で初優勝したが、当時は本当に勝てるとはまだ思っていなかった。中学2年で初めて全日本選手権でランク入り（ベスト16）して、記録を作った。その頃から「長谷川信彦さん（元世界チャンピオン）が作った大学1年での初優勝（最年少記録）の記録は破りたい」と思っていた。

初優勝の前年はベスト8だったので優勝は射程距離ではあったけれども、まだ真剣には狙ってはいなかったが、翌年に優勝できた。高校1年くらいで五輪金メダリストの柳承敏《ユ・スンミン》（韓国）や、五輪銀メダリストの王皓《ワン・ハオ》（中国・09年世界チャンピオン）という世界のトップクラスにも勝っていたから優勝するだけの力はあったのだと思う。

高校2年、17歳で初優勝した頃を思い出すと、目立ちたいという気持ちが強かった。記録を作って注目されたいと思っていた。初優勝の時には、大会の途中から黒い新品のシューズに替えた。大会期間中に新品のシューズに履き替えるというのは今だったら考えられないのだが、あの当時は何も考えずに、ただ目立ちたいという理由で行動していた。

一度優勝したことで周りの世界は変わった。翌年に行われた世界選手権の団体でも8年ぶりにメダルを獲得して、世界ランキングもかなり上がったために、それ以降の全日本選手権ではダントツの優勝候

補になった。

全日本選手権で10年連続決勝に進んでいることは自分でもすごいことだと思う。途中で負けそうになったことはあったけど、何とか決勝に行ったことは自分でも評価できるし、そこには「運」もあった。たまたま決勝に行ったわけではないが、運もなくては決勝へ10年連続では行けない。それを含めて、運も実力のうちなのだ。

強い選手はネットインやエッジボールが多い。一見、「運がいい」ように見えるのだが、実際にはネットギリギリのところやコートの深いところを狙っているためにネットインやエッジボールが多くなり、運があるように見えてしまう。強い人はラケットの角（縁《フチ》）に当てても相手コートに入る。一見ラッキーな得点のように見えるのだが、それは正しい角度で打っているからこそ、角に当てても相手コートに入っていくのだ。

つまり「運も実力のうち」だが、運だけでは何年も継続して上位には進めない。「運がいい」ように見える、その裏には本当の実力が隠れている。

なぜサービスエースを狙わない卓球を選んだのか。1本の得点よりも試合全体の流れを考える

最近はサービスによる得点、サービスエースが減った。昔はサービスで得点を狙っていた。今はサービスで得点を狙わない。サービスに思い切った変化をつけないようになった。

卓球は回転の要素が重要なスポーツだ。回転をどれだけうまくコントロールできるかが勝敗を分けると言ってもよい。その中でも、サービスというのは唯一自分の思うままに回転をつけることのできる技術だ。

サービスで得点したほうが楽だし、絶対的に有利に思える。自分にはそれだけのサービスの変化をつける自信もある。しかし、今はそれをやらない。

なぜなのか。

それはサービス後の展開を考えているからだ。サービスでの得点ではなく、3球目、5球目での攻撃を重視するようになった。だから今はサービスで得点を狙おうとしない。一見するとサービスで点を重ねるほうが試合が楽になるような気がするのだが、実際にはサービスエースでは波に乗れないの

で、あえてサービスエースを狙わない。つまり、試合全体を考えるのならばサービスからの攻撃で点を重ねるほうが良い内容の勝ちにつながるのだ。

今までは「サービスはおまえの特徴だから」と言われていて、「そうだよな。サービスで点を取るにこしたことはない」と考えていた。卓球を始めて以来、ずっとそうだった。「サービスエース、イコール良いこと」という考えにとらわれていた。

ところが、自分の試合を分析していく中で気づいたのは、サービスで点を取っても波に乗っていけないことと、変化をつけたサービスを出してもそれを返球された時に自分自身が驚いて、うまくラリーにつながっていかないことだ。自分が変化をつけると、今はその回転を利用されてチキータされたり、自分の回転が残って返球されたりして、3球目攻撃が難しい。相手のレシーブが非常に予測しにくく、何が来るかわからないことが多かったことに気づいた。

以前は、サービスで得点を狙うためにボールに相当な回転を与え、その回転の変化で相手のミスを誘っていた。しかし、強烈な下回転でも横回転でも、回転量が多いということは相手がその回転を利用してくる危険性もはらんでいる。たとえばチキータのように強烈な回転をつけられたり、自分が予測できないほどの変化のついたレシーブになって返ってくることがある。それによってサービスエースで得点になったとしても、試合全体で考えると、良い流れの試合ができないことに気づいたのだ。

だから今はサービスをシンプルに限定して、それによって相手のレシーブも単純化させて、それを3球目の攻撃で決めようとする戦術を多用している。

第9章

追い込まれた時の戦い方

最終的には攻めた人が勝つということだ。
守り切って勝つことは100%ない。

世界レベルというのは極限状況での戦いで、
楽しくはない。逃げ出したいくらいに苦しいし、
自分としては「生きるか死ぬか」という
極限に追い込まれている感覚なのだ

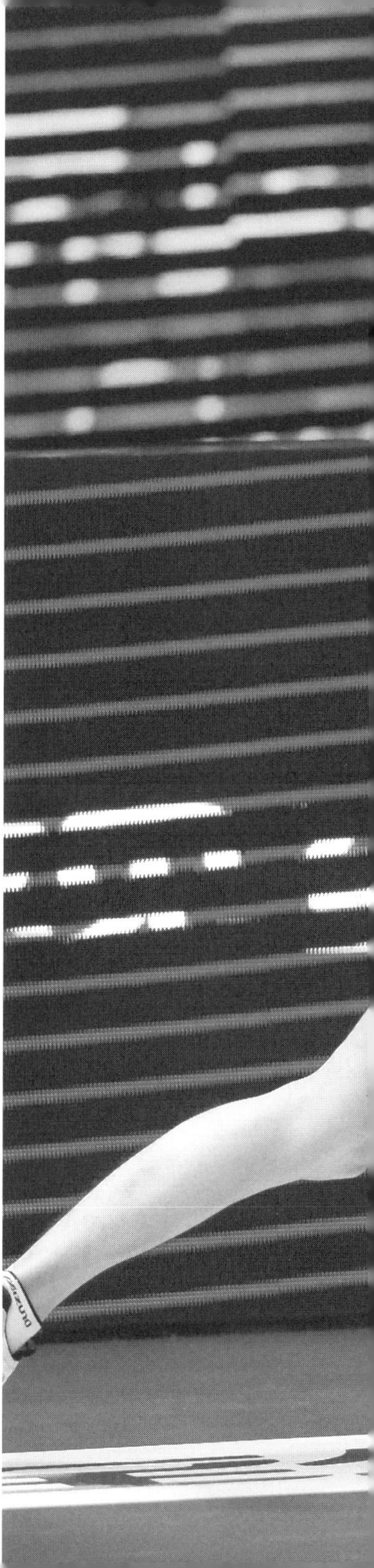

同じレベル同士ならラブオールから勝負を仕掛けなければ勝てない

初めて対戦する選手に対しては、試合序盤で効いたサービスがあったとしたら、徹底的に出していく。そのサービスを主軸にしながら他のサービスも出していく。しかし、効いているサービスを徹底して出して、いずれ効かなくなったら、その時には2番目のサービスを用意しておく。

たとえばオフチャロフ（ドイツ）のように数多く対戦している相手に対しては、何か新しいものを準備するというよりも、今までの対戦を振り返り、「たぶん相手はこうやってくるだろう」と予測しながら、それまでの対戦で効果的だったサービスや戦術を用意しておく。とは言え、それは相手も同じことを考えている。

上に行けば行くほど、同じくらいの高いレベルになればなるほど、お互いがあまり点数を取れる気がしない。最後は、どれだけ自分を信じられるか。読みと気持ちの勝負になる。

中国選手やボルと対戦する時は、試合の最初から読み合いになり、勝負を仕掛けていく。様子を見ながら、相手のミスを期待して……などという展開には絶対ならない。ラブオールから自分がリスクを背負って攻めていかないと点数が取れないのだ。

相手にあえて攻めさせてブロックやカウンターで得点を取っていく戦術もある。最近は、サービスを出して相手にチキータをさせてそれを狙っていく戦術もよく用いる。常に攻める気持ちは忘れていない。しかし、たとえば相手がサービスのうまい選手なら、無理にレシーブで勝負を懸けないで相手に打たせてからのラリーで得点を狙うこともある。

この1本でメダルが獲れるかどうか、この1本で日本が勝つか負けるかという場面を今まで数多く経験してきた。緊張するのは私も普通の人と同じだ。その時に精神状態をどのようにコントロールするのかが勝敗を分ける。そういう場面で、「オレもこんな場面で緊張しているのか、面白い」と、その緊張状態を楽しむような心理に持っていくのだ。

それが自分でコントロールできなくて負けることもある。その敗戦も自分にとっての新たな経験になる。緊張しながらも勝つこともあれば負けることもある。ただ言えるのは、最終的には攻めた人が勝つということだ。守り切って勝つことは100%ない。

ただし、攻守のバランスを崩してはいけない。攻めた人が勝つとはいえ、試合では相手も攻めてくるわけだから、無理なことはしない。それが入ったら確実に点が取れる時しかハイリスクなプレーはしない。入るかどうかわからないボールを無茶打ちはしない。「このボールは入るだろうな」と思ったボールを安全に入れにいくのではなく、果敢に勝負する。「このコースに打てば得点になる」というプレーを心がけるのだ。

最後は相手との読み合い。相手の裏の裏の裏をかく

「ゾーン」に入っている選手というのは、対戦相手でなくても、見ていても感じるものだ。その選手から「気」「オーラ」が出ているからだ。

一方で、相手が9－6から10－6になってゲームポイントを取った瞬間に、相手の気が抜けるのがわかる場合がある。その時に「あっ、これは挽回《ばんかい》できる」と感じたら、だいたい挽回できる。もちろん逆のケースで自分がゲームポイントを取り、そこでフッと気が抜けて挽回される時もある。

それは油断とも言える。そこまで張り詰めていたもの、集中状態が一瞬切れる時、10－6くらいで気が抜けた瞬間、4本リードしていてもそれを自分で感じた瞬間に「あっ、やられる」とわかる。一瞬ではあっても集中状態が切れると、なかなか修復できない。

強くなればなるほどその瞬間を察することができる。その時にタイムアウトを取ったり、靴紐《くつひも》をわざと結び直して、その悪い流れを断ち切る必要がある。これは悪い流れを断ち切るルーティンなのだ。

自分の気が抜けてしまっても、相手も気が抜けている、相手が勝つ気がない場合は問題ない。乗り切ることができる。ところが相手が乗ってきている場合は、相手の良い流れを断ち切ることも必要になる。

たとえば、「あーっ、これはもうダメだ」という仕草《しぐさ》や表情をわざと見せる。これは演技だ。演技しながら、次の1本に自分の最高の技術と戦術をぶつけることも作戦のひとつだ。ところが、ただ間《ま》を外したり、演技しても、相手が世界レベルになれば、そういったものは通用しない。

コートを挟んだ二人がともにゾーンに入ったら、「気」と「気」の勝負では互角だ。そうすると勝負を決するのは戦術になる。相手が次に何をやってくるのかを読み切る。それまでの二人の対戦のデータを頭の中で引っ張り出し、相手の「裏」をかくのは当たり前で、相手の「裏の裏の裏」をかくような戦術を使う。相手との読み合いに勝ち、勝負を仕掛ける勇気が必要だ。

その世界レベルというのは極限状況での戦いで、楽しくはない。逃げ出したいくらいに苦しいし、自分としては「生きるか死ぬか」という極限に追い込まれている感覚なのだ。

窮地に追い込まれた時に驚くような策を講じる

年を重ね、経験を積めば積むほど、勝負の怖さがわかるがゆえに、攻められないとか、冒険できなくなることはある。昔の自分の映像を見ると、「よくあんなボールを打ったな」「今の自分では打てないな」という場面が多い。

2008年度(平成20年度)の全日本選手権の準々決勝・岸川聖也戦で、最終ゲーム4－8で負けている時に、その試合で初めてバックサービスを使った。そのまま試合を進めれば敗色濃厚だったが、流れを変える必要があった。頭をフル回転させて策を講じた。

それが執念であり、勝負へのこだわりだと思う。何とか流れを変えようともがく。今のままやっていても流れは変えられないから、何かを変えようとする。しかし、怖い。その怖さに打ち克ち、実行するメンタルの勝負だ。必死になっているから、後で振り返っても、なぜあの場面であういう作戦を用いたのかわからないことが多い。

強い選手、優勝する選手の特徴は、もうダメだと思った時に、パッとひらめき、追い込まれた状態になってもできることを思い切り実行していくことだ。練習でやったことのない無茶なことは試合ではしない。練習でやったことのある引き出しの中から絞り出して使うことになる。

一番ダメなのは、「こうしよう」「これをやらなければ勝てない」という時に、度胸《どきょう》がなくて、行動に移せず、それをやらずに負ける時だ。

2014年の世界卓球。ドイツのオフチャロフとの試合がそうだった。それまでの彼との試合では、これをやらなければダメだ、とわかっているのに、それができなくて負け続けていた。実行する度胸がなかった。2014年世界卓球東京大会では、ようやく踏ん切りがついて実行に移して勝つことができた。

負けた経験が生きた例だろう。「いつかできるだろう」と思い続けるだけでは意味がない。同じことを繰り返して練習して、負け続けては進歩がない。その場その場で変える努力をしないと進歩は生まれない。

人間は追い詰められた時にこそ本性が出る。追い詰められて、そこから何とかしようとした時に人間は進化し、改善されると思う。だから追い詰められることは悪いことではない。だから今でももっと追い詰められて、ライバルがもっと出現して、厳しいところに追い込まれたほうがいいと思っている。

「火事場の馬鹿力」「窮鼠《きゅうそ》猫をかむ」という言葉がある。人間は追い詰められた時に、思わぬ力を発揮することがある。

卓球でも追い詰められて絶体絶命のピンチの時に、思わぬ策が見つかるものだ。そこで必要なのは「もうダメだ」とあきらめることではなく、何か勝つ方法があるはずだ、と必死に考えることだ。

攻撃できるボールを入れにいったら、100%失点。だから50%の確率でも狙っていく

最近はハイリスクな攻撃練習を多く行っている。ミスしても良いわけではないが、練習でミスを恐れてはいけない。矛盾しているようだけど、絶対ミスしないという気持ちを持ちながらアグレッシブ（攻撃的）にいく。

試合で一番反省するのは、攻撃できたのに一瞬躊躇《ちゅうちょ》して攻撃しなかった時だ。勝敗を分ける1本でそれがあると強烈に反省する。逆に、打ちすぎてだめだったというのはあまりない。「肝心な時に打ちにいけなかった、リスクを取らなかった」という時のほうが悔しい。ミスを恐れて、ボールを相手コートに入れにいった時は「自分に負けた」という気持ちに苛《さいな》まれる。

だからこそ練習でもあまいボールは絶対見逃さないことがとても大切なのだ。攻撃できるボールは必ず狙っていく。リスクを取った攻撃を心がけるというようなことを繰り返していけば、試合になった時でも条件反射的に打っていけるし、「今のボールは打ちにいけなかった、しまった」という悔いもなくなると思う。

しかし、実際には毎試合で必ず3本、4本は「今のボールは攻撃できたのに、いけなかった」と後悔するボールがある。相手のレベルが高くなれば、攻撃できるボールを安全に見送ってしまったら、ほぼ100％相手の得点になる。それならば、同じボールを確率50％であっても攻撃をしたほうが良いという考え方が生まれてくる。

この意識というのは非常に瞬間的なものだ。「これはいける、リスクがあっても狙っていこう」と思っているボールなのに、最後の最後で「入れにいく」。それで相手に得点されることは多い。そういうボールが試合の大事な局面で4本あるとする。それをリスク覚悟で打ちにいって、50％の確率で入るならば、2本得点できる。その2本で試合の流れは大きく変わる。

同じボールが来ても、ラブオール（0−0）の時には狙っていけるけれど、10−10になると狙っていけない、というボールもある。それは競り合いという状況の中、心理面で躊躇している時だ。選手はロボットではなく感情がある。ビッグゲームになれば、緊張したり、不安になったり、びびったり、ミスを恐れる。

ビッグゲームになったら積極的にやろうと思っても、それは無理な話だ。当たって砕《くだ》けろと無茶打ちするのとは訳が違う。実力が拮抗《きっこう》し、その勝敗が日本の命運を分けるとか、自分の卓球人生を左右するような試合で、リスキーなプレーができるのか、あまいボールを狙っていけるのか。それは普段の練習や試合でやっておかないとできないことだ。練習や試合で身体が勝手に反応するくらいに染みこませることによって、初めて大事な試合でも身体が反応するようになる。

最終章

恐怖感との戦い

1%でも強くなる可能性があるなら、
より険しい道を選んでいきたい。

ANA

心が折れたら本当に終わっていくと思う。
そういう恐怖感を持っている

目の前に辛い道と楽な道がある。絶対強くなるのなら、迷うことなく険しい道や厳しい方法を選ぶ

自分が日本だけでプレーしていたら、このレベルまで到達できていない。海外でプレーしたからこそ今の自分があると思う。日本だけでプレーしていたら世界の15位前後で止まっていただろう。

中学時代にドイツに飛び込み、その後、中国の超級リーグを経験し、ロンドン五輪の後はロシアリーグに挑戦した。

中学から高校にかけてドイツでプレーしていた時の「水谷隼」はひどかった。試合で負ける時には特にひどかった。試合中にイエローカードをもらうのは当たり前だったし、すぐに試合を捨てていた。今考えても、独《ひと》りよがりで、我慢強さがなく、メンタルが弱かったと思う。

ロンドン五輪では本気でメダルを狙ったが、団体でもシングルスでもメダルに手が届かなかった。結果に失望した。もっと勝ちたい、世界で勝ちたい、メダルを獲りたいと心の底から熱望した。それで邱建新さんに自分からコーチをお願いした。世界で勝とうと思ったら、本当に勝つために意識を変えるしかない。意識が変われば行動が変わる、行動が変われば試合で勝てるはずだ。

ジュニア時代、ブンデスリーガの２部で戦う筆者

ロンドン五輪の前は世界ランキング5位だった。今は世界7位だが、上位4人の中国選手との距離はロンドン五輪の時よりもはるかに縮まってきた気がする。その実感と手応えが確実にあるし、その分、後ろの選手との距離も離れている気がする。自分が力をつけた実感とこれからもっと強くなる可能性を感じている。

目の前に辛《つら》い道と楽な道がある。辛い道でもそこを歩いていけば絶対強くなるのなら、迷うことなく険《けわ》しい道や厳しい方法を選ぶ。ただ難しいのは、その道を選んだから１００％強くなるという保証がないことだ。楽な道を選んでも強くなる可能性もある。

しかし、１％でも強くなる可能性があるなら、より険しい道を選んでいきたい。

自分自身は卓球において は芯がある、軸がぶれない。自分の信念は崩れない。小さい頃からそれだけは変わらない

数年前と比べれば日本の男子のレベルは上がっているけれども、まだ若手は、心技体、すべてにあまい。試合での勝利に対する執念もそうだし、合宿で一緒にいると普段の食生活とか身体のケアの仕方でも差を感じる。

私自身、今の実力がキープできれば全日本選手権では10回くらいまでは優勝できるだろう。ただキープできるかどうかは自分でもわからない。年齢とともにこれからパフォーマンスも低下してくると思うから、頑張って、少しでも向上していきたい。

私と他の選手との違いは背負っているものの大きさの違いだろう。初優勝した時から、周りが私のことを勝手に評価した。若くして優勝したから天才扱いする。それが知らないうちにプレッシャーになっていった。

知り合いから全日本選手権の初日に「最終日、応援に行くから」とメールが来る。「なんでオレが最終日に残るという前提になっているんだ」と思う。どれだけ最終日に残るのが大変かわかってないん

だよなと思う。それが年々エスカレートしていく。勝つのが当たり前だと思っていて、ハードルもこれ以上上がらないところまで上がっている。

本当に今回（16年1月）の全日本は、大会前に「あいつ強いし、今の自分じゃ勝てないだろうな、どうやったら勝てるんだろう」と思っていた。不安で仕方なかった。これが本心だ。

それでも勝てたのは執念の差だろう。自分の持っている技術と戦術の引き出しをフルに使って、模索したうえで覚悟を持って強気でやる。あとは優勝への執念しかない。

自分は格上だけれども、全日本では常に挑戦している。試合前、試合中に「相手が水谷隼をどう考えているのか」と常に考える。今までの対戦成績や試合展開、相手の心理。そして相手がやってくる戦術を読み、私はその逆をやる。これが卓球の戦術だ。

私は試合前でも普段と同じように時間を過ごすという、ある種の異常性を持っている。確かに以前は人を寄せ付けずに自分の世界に入り込んでいる時期もあったが、今は逆に試合前に入り込むのではなく普段どおりリラックスして、試合前の1時間の練習では集中したい。そういう時には自分の世界に入っている。

自分自身は卓球においては芯がある、軸がぶれない。自分の信念は崩れない。小さい頃からそれだけは変わらない。その信念とは「周りに流されない」ことだ。チームで練習をしていても、私は自分が正しいと思う練習を実行する。他の人と違っていても貫くし、押し通す。何を言われようが自分に必要な練習、トレーニング、ルーティンは崩さずに、押し通すのが自分の流儀である。

常に「まだ自分は若いぞ」と言い聞かせているけれど、心が折れたら一気に落ちていくだろう。それが怖い

ワールドツアーで負けると、周りは「世代交代」とか言うかもしれないけれど、私はそこで100%の力を出していない。「まだまだやれる」と自分に言い聞かせている。

年齢とともに自分のパフォーマンスが落ちるのが怖い。だから常に「まだ自分は若いぞ」と言い聞かせているけれど、そこで心が折れたら一気に落ちていくだろう。それが怖いのだ。今はまだ言い聞かせるほうが勝《まさ》っているけど、いつか結果が出ないとか、練習できないとか、ケガをするとか、本当にダメかもしれないと心が折れたら本当に終わっていくと思う。そういう恐怖感を持っている。

その恐怖感に打ち克つために身体をケアして、プレーを改善し、強くなるためにより良い環境で卓球をしようと模索《もさく》している。

私は中学2年からドイツに行って、12年間ほど世界の舞台でプレーしてきた。他の人以上に世界で戦ってきた時間が長い。だからこそ、他の人よりもポキッと折れるのが早い気もする。そういう選手は見ていてわかる。急に覇気《はき》がなくなるし、貪欲《どんよく》さがなくなる。まさに纏《まと》っているオーラがなくなる。

そうなるのが怖いのだ。だからこそ、「まだまだ自分はやれる、自分は20歳くらいなんだ」と常に言い聞かせている。

最近、自分自身、何気《なにげ》ない凡《ぼん》ミスが増えたと思う。ツッツキでミスするとか、ツッツキが飛んできてそれをドライブしたらミスをする。それが凡ミスという自覚症状がない。昔は「なんであんなミスをしたんだ」と悔しかったのに、最近は何でミスしたのか自分でもわからない。試合の中でそういうことがある。あまりにもそれが多くなると、自分の年齢をそこに重ねてしまう。年だからパフォーマンスが落ちた、年だからああいうミスをするんだと考えてしまう。それが執念の低下なのかもしれない。

そのような執念の低下、意識の低下は恐怖でしかない。だから、これからは相手との戦いだけでなく、その恐怖感との戦いに挑んでいかなくてはならない。

だからこそ、私を脅《おびや》かす選手が出てきてくれたほうがうれしい。こいつに勝ちたいという新たなモチベーションになるからだ。

今はリオデジャネイロ五輪へのプレッシャーは感じていない。大会もまだあるし、一つひとつの試合や、行動や意識、練習を「今年はオリンピックがあるから」という意識でやりたい。オリンピックのメダルは自分の夢でもあるし、家族やファンにとっての夢だからぜひ達成したい。

あとがき

私にとって今は「卓球がすべて」だと思っている。卓球に命を懸けている。卓球の後のことなんて考える余裕などない。だから、大学のＯＢから「卓球を通して、社会人として……」と言われると、それは違うと思ってしまう。

卓球のプロ選手としては、「卓球を通して」「所詮《しょせん》卓球というスポーツは」と言われれるのは我慢できない。私は卓球というスポーツをリスペクトしているし、すべてを懸けてきたという自負もある。

本書は一般的な選手や社会人が読んだら、心地良いものではないかもしれないけれど、これが世界のトップクラスで戦っているアスリートの本音だと思ってほしい。私は飾り立てて書いているわけでもなく、みんなに好かれようと思って書いているわけでもない。自分のアスリートとしての履歴書を書くように、何を考えてプロフェッショナルをやっているのかを書いている。

だから「オレのように生きろ」と薦める気持ちもサラサラないし、実際に誰もできないと思う。けれども、トップアスリートはこのような人種で、特別な意識を持っているのだということを示したかった。

本書は読者にとって過激な部分もあるかもしれないが、試合で勝つことを熱望している人には理解してもらえると思う。

今回、執筆するにあたり、卓球のことをより深く考えてみた。戦術やメンタルでも今まで表現したことのない言葉が出てくる。スポーツ選手は得てして、自分の動作や考え方や意識を言葉で表すのは苦手なものだが、1冊目、2冊目と書籍で書き記すことで自分でも気づくことが多い。

本書のタイトルでもあり、ひとつのテーマは「無駄な練習」である。私がチャンピオンとして勝っている理由は、無駄な練習をしないことに徹しているからだ。意識を高めればどんな内容の練習でも無駄にはならない。しかし、気持ちが入っていない練習ならば、たとえ私と同じ練習をしてもそれは無駄な練習でしかない。

スポーツの世界では、負ける人は無駄な練習をする。勝つ人はどんな練習でも無駄にせず、有益なものへ転化させている。おそらくビジネスの世界でも、成功しない人は無駄なことを繰り返し、目的意識のない時間を過ごすのだろうし、成功する人は時間を効率良く使える人なのだろう。

これから世界選手権や五輪を迎える。そこで勝者になるために努力をしていく。だからこそ一分一秒を無駄にできない。ラケットを握っていない時でも私は試合で勝つための時間を過ごしていきたいと思う。

世界のトップを目指すということは、きれい事ではない。テレビに出演して美辞麗句《びじれいく》を言っているチャンピオンが本当の姿ではない。

もがき、苦しみ、泣いているのがチャンピオンの姿だ。もちろん孤独だ。その孤独の淵からの私自身の呟《つぶや》きが本書である。

現時点で10年連続全日本選手権で決勝に進み、8回の優勝を飾った。

勝てた理由。それは、私が「普通」ではなかったから。

ある種の異常性を持ち、それを個性として突き進んだ結果だと思っている。世界の大舞台は「異常なアスリート」の対決の場だ。リオ五輪でメダルを獲ることは尋常《じんじょう》の努力では不可能なのだ。

水谷隼としての異常性の発露。

五輪という大舞台で私が何者かを示したいと今は思っている。

水谷　隼（2016年2月）

日本で唯一の書店売り卓球専門月刊誌
豊富な情報と強くなるヒントが満載！

月刊 卓球王国

全国の書店・
卓球専門店・
スポーツ店で、
発売中!!

本体 **727** 円+税
●毎月21日発売
● A4判
210ページ前後

● 技術ページ ●

初心者にもわかりやすい基礎テクニックから、世界トッププレーヤーの最新テクニックまで、豊富な連続写真とわかりやすい解説で紹介

● グッズページ ●

ラバー、ラケット、ウェア、シューズなどなど、卓球用具についての最新情報や、より深い知識を紹介

● インタビュー報道ページ ●

世界や日本のトップ選手へのインタビュー、オリンピック、世界選手権などの国際大会から地域の大会まで報道

卓球王国の書籍・雑誌に関するお問い合わせは、
電話 03-5365-1771 卓球王国販売部までお願いします

卓球王国WEBも充実 !!　http://world-tt.com

試合で勝つための99の約束事

卓球王 水谷隼の勝利の法則

試合で勝つための 99 の約束事
なぜこの男は勝者であり続けるのか。
世界の頂点に近づくアスリートの勝負の哲学
技術写真を含めた「勝利の法則」

水谷書籍、
第1弾!

【内容】

第１章　戦略
第２章　身体
第３章　用具
第４章　練習
第５章　技術
第６章　戦術
第７章　メンタル
第８章　最後に

1,700円+税
●A5判
●ソフトカバー
●オールカラー208ページ
●ISBN978-4-901638-47-0

卓球王国の書籍

勝利から逆算する
「目的別」練習法

卓球
練習革命

偉関晴光・監修

練習の「目的」「目安」「目標」がひと目でわかる。攻撃選手の合理的な練習メソッドが満載！

1,500円+税
- A5判
- ソフトカバー
- オールカラー 224ページ
- ISBN978-4-901638-46-3

中級選手におすすめの技術書。
DVD付き（約20分）!!

松下浩二の必ず強くなる！
勝つ卓球!!

松下浩二・著

試合で勝ちたい中級選手におすすめ！ 試合で勝つための技術と戦術にこだわった一冊。

1,700円+税
- A5判
- ソフトカバー
- オールカラー 168ページ
- ISBN978-4-901638-32-6

言葉力で選手は変わる。
そのひと言で選手は強くなる

選手の力を引き出す
言葉力

高島規郎・著

ベンチコーチでの言葉がけ、言葉が持つパワー、魅力、重要性を説いた一冊。

1,300円+税
- 四六判
- ソフトカバー
- 168ページ
- ISBN978-4-901638-37-1

勝利をつかむための戦術満載

敗者を勝者に変える
卓球 戦術ノート
続 卓球戦術ノート

高島規郎・著

【敗者を勝者に変える
卓球戦術ノート】
1,700円+税
- 四六判
- ソフトカバー
- 304ページ
- ISBN978-4-901638-53-1

【続 卓球戦術ノート】
1,500円+税
- 四六判
- ソフトカバー
- 312ページ
- ISBN978-4-901638-36-4

卓球王国の書籍

ようこそ卓球地獄へ　卓球マニア養成ギプス　伊藤条太・著
本誌人気連載の書籍化。世界卓球界史上初!?　抱腹絶倒、卓球コラム本。
●四六判　●ソフトカバー　●296ページ　●本体1,300円＋税　●ISBN978-4-901638-43-2

卓球天国の扉　卓球マニア濃縮エキス　伊藤条太・著
爆笑卓球コラム本『ようこそ卓球地獄へ』の続編。伊藤条太ワールドが炸裂!!
●四六判　●ソフトカバー　●304ページ　●本体1,300円＋税　●ISBN978-4-901638-48-7

先生、できました！　子どもの無限大の能力を伸ばし、笑顔を作る方法　大橋宏朗・著
先生、父母、指導者へ贈る「子どもの可能性を伸ばすため」の一冊。
●四六判　●ソフトカバー　●180ページ　●本体1,300円＋税　●ISBN978-4-901638-40-1

卓球3ステップレッスン　大橋宏朗・著
卓球の基礎を、ホップ、ステップ、ジャンプの3段階で紹介。
●A5判　●ソフトカバー　●オールカラー224ページ　●本体1,500円＋税　●ISBN978-4-901638-39-5

卓球3ステップレッスン2（ツー）　大橋宏朗・著
カット・粒高プレー・ダブルスの上達メソッドを収録。
●A5判　●ソフトカバー　●オールカラー160ページ　●本体1,300円＋税　●ISBN978-4-901638-45-6

卓球 ビギナーズバイブル　卓球王国・まとめ
卓球の基礎知識から基本技術、基本の練習法に加え、応用テクニックやカット、粒高のテクニックも収録。
●A5判　●ソフトカバー　●オールカラー208ページ　●本体1,700円＋税　●ISBN978-4-901638-50-0

世界最強中国卓球の秘密　偉関晴光・監修
王者・中国卓球の技術と戦術、そして思想を丁寧に解説した一冊。
●A5判　●ソフトカバー　●オールカラー304ページ　●本体1,500円＋税　●ISBN978-4-901638-34-0

卓球まるごと用語事典　知っておきたい卓球ワード600　藤井基男・著
基本からマニアックなものまで卓球用語の解説満載。
●四六判　●ソフトカバー　●224ページ　●本体1,300円＋税　●ISBN978-4-901638-26-5

魅せられて、卓球　近藤欽司・著
元全日本女子チーム監督が、戦型別の戦術練習やチームマネジメントなどを語り尽くした一冊。
●四六判　●上製本　●272ページ　●本体1,700円＋税　●ISBN978-4-901638-52-4

切手でつなぐ卓球の輪　宮川禮子・監修　卓球王国・編
世界の卓球切手の数々をフルカラーで紹介。見て楽しむビジュアルブック。
●A4判　●ソフトカバー　●176ページ　●本体1,429円＋税　●ISBN978-4-901638-31-9

●卓球王国オススメDVD●

台上を制する者が試合を制す
これが進化系チキータだ！

進化する チキータ

上田仁／大島祐哉／森薗政崇・モデル

【主な内容】
現代卓球の必須テクニック「チキータ」の技術的なポイントや動き方、練習法を3選手がそれぞれの視点で語る

3,500円+税
●商品番号：D-067
●収録時間：約50分

世界を知る高島規郎の
技術の質を高めるメニューの数々

高島式 勝利への 戦術&技術

前編
後編

高島規郎・監修

【前編】戦術編
4,500円+税
●商品番号：D-068
●収録時間：約60分

【後編】技術編
4,000円+税
●商品番号：D-069
●収録時間：約50分

試合で勝てる「練習」映像満載
指導者にもオススメの１本

卓球 練習革命

前編
後編

偉関晴光・監修

【主な内容】
攻撃型選手の「目的別」練習法を多数収録

【前編】3,500円+税
●商品番号：D-064
●収録時間：約50分

【後編】4,000円+税
●商品番号：D-065
●収録時間：約60分

目からウロコのYG習得法から
様々なテクニックまで

出せる！ YG

憧れのハイテクサービスを
完全マスター

坂本竜介・監修

【主な内容】
5ステップ習得法、縦回転系と横回転系、上達のポイント、YGハイテクニック、YGからの3球目攻撃など、YGの極意を収録

3,500円+税
●商品番号：D-070
●収録時間：約40分

卓球王国のDVDは書店でのお取り扱いはありません。 お求めはお近くの卓球専門店、
もしくは卓球王国に直接ご注文ください　（問い合わせ TEL 03-5365-1771 ）

●卓球王国オススメDVD●

水谷隼が見せる56の最強練習
強くなる練習のすべてを収録

水谷は無駄な練習をやらない

水谷隼・監修

【主な内容】
1：基本打法
2：フットワーク練習
3：システム練習
4：多球練習
右利きの視聴者のために、本作品では50分の反転映像を収録

6,000円＋税

●商品番号：D-080
●収録時間：約60分＋反転映像50分

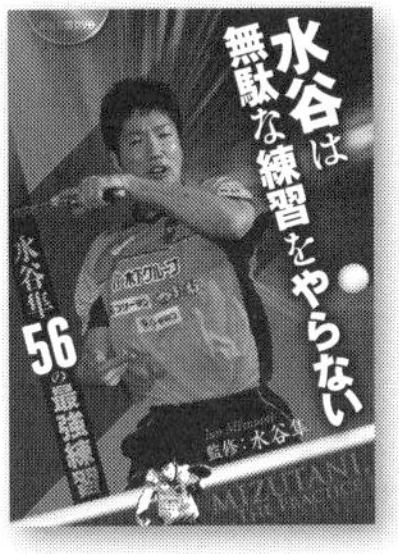

ハイスピード映像で動作を解析
「神の領域」に達する技術とは

神《カミ》のサービス

仲村錦治郎・監修／モデル

【主な内容】
①回転力 ②回転の変化
③フェイク ④スピード
⑤長短とコース ⑥変化サービスのコツ ⑦ナックルサービスの出し方
⑧手品を使ったフェイク
⑨サービスからのシステム攻撃 の9項目を収録

4,000円＋税

●商品番号：D-058
●収録時間：約80分

ミスを減らす3つのコツ
4つの基本レシーブ！

無敵レシーブ

村瀬勇吉・監修

【主な内容】
ミスを減らす3つのコツ、4つの基本レシーブ、高度なテクニック、立ち位置を変えるレシーブ、レシーブからの4球目攻撃、粒高のレシーブ、ダブルスのレシーブ、様々なサービスに対するレシーブを収録

4,000円＋税

●商品番号：D-054
●収録時間：約105分

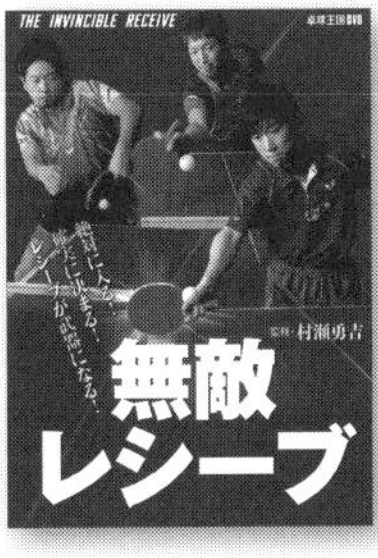

水谷隼、10度目の頂点に立つ！
全日本の感動はこの一枚の中に

ザ・ファイナル 2019.1

平成30年度全日本卓球選手権大会
ダイジェスト

【主な内容】
男女シングルス、男女ダブルス、混合ダブルス、男女ジュニアの全7種目をダイジェストで収録

4,000円＋税

●商品番号：D-082
●収録時間：約90分

※『ザ・ファイナル2014.1 ～ 2018.1全日本卓球選手権大会（ダイジェスト）』も好評発売中！

負ける人は無駄な練習をする

2016年 3月15日 初版発行
2019年 7月20日 第六刷発行

著　者　　水谷　隼
発行者　　今野　昇
発行所　　株式会社卓球王国
　　　　　〒151-0072　東京都渋谷区幡ヶ谷1-1-1
　　　　　電話　03-5365-1771
　　　　　http://world-tt.com
印刷所　　シナノ書籍印刷株式会社

定価はカバーに表示してあります。乱丁本、落丁本は小社営業部にお送りください。
送料小社負担にて、お取り替え致します。
本書の内容の一部、あるいは全部を複製複写（コピー）することは、著作権および出版権の
侵害になりますので、その場合はあらかじめ小社あてに許諾を求めてください。

©Jun Mizutani 2016
Printed in Japan　ISBN978-4-901638-49-4